পালামৌ

সঞ্জীবচন্দ্র চট্টোপাধ্যায়

সূচী

ভূমিকা

বাংলাসাহিত্যের প্রথম সফল ভ্রমণকাহিনীর বিস্ময়কর লেখক সঞ্জীবচন্দ্র চট্টোপাধ্যায়ের জন্ম ১৮৩৪ সালে। বঙ্কিমচন্দ্র চট্টোপাধ্যায়ের অগ্রজ সঞ্জীবচন্দ্রের রচনার মৌলিকতা, চিত্রাবহুলতা, কবিত্ব, দীপ্তি সত্যিকার অর্থে ব্যতিক্রমী। বঙ্কিমচন্দ্রের সমসাময়িক না হয়ে কিছুকাল আগের লেখক হলে তার নাম হয়তো বাংলাসাহিত্যে আরো শ্রদ্ধার সঙ্গে উচ্চারিত হতো। একাধারে ঔপন্যাসিক, প্রবন্ধকার ও সম্পাদক ছিলেন তিনি। তবে উপন্যাস-লেখক কিংবা সম্পাদক হিশেবে তার যে খ্যাতি তার চেয়ে অনেক বেশি খ্যাতিমান তিনি তাঁর পালামৌ (১৮৮০-৮২) নামের ছোট্ট ভ্রমণকাহিনীর লেখক হিশেবে। এক শতাব্দীকাল ধরে এই বইটির অপূর্ব সৌন্দর্য, সজীবতা, বর্ণনাপ্রতিভা সুধী পাঠকসম্প্রদায়ের কাছে প্রীতিস্নিগ্ধ অভিনন্দন পেয়ে আসছে। বাংলাসাহিত্যের সেই বিস্মৃতি দীপ্তিময় রচনাটিকে নতুন করে তুলে ধরার জন্যে আমাদের এই প্রকাশ-প্রয়াস।

সঞ্জীবচন্দ্রের ‘পালামৌ' ভ্রমণের ওপর ভিত্তি করে রচিত এই বিখ্যাত ভ্রমণ-বৃত্তান্ত পালামৌ। নানা দিক থেকে বইটি বাংলা ভাষার অন্যতম উজ্জ্বল রচনা। সঞ্জীবচন্দ্রের প্রতিভার প্রতি উৎসাহী রবীন্দ্রনাথ বইটির ভারসাম্যমধুর মূল্যায়নের ভেতর দিয়ে বইটির অনন্যসাধারণত্বের দিকে আঙুলি নির্দেশ করেছেন। বইটির মধ্যে দুর্বলতা, অসংলগ্নতা বা ঊষর অংশ নেই এমন নয়, কিন্তু যে-সব জায়গায় বইটি ভালো, সে-সব বাংলা সাহিত্যের সবচেয়ে আলোকিত অংশগুলোর সমকক্ষ। বাংলা ভাষার অনেক স্মরণীয় বর্ণনা বা উক্তি যেমন, ‘বন্যেরা বনে সুন্দর, শিশুরা মাতৃক্রোড়ে’—জাতীয় লোকশ্রুত বাক্যের সাক্ষাৎ আমরা পাই এই বইয়ের পৃষ্ঠাতেই।

পালামৌ সম্বন্ধে রবীন্দ্রনাথের উচ্ছ্বসিত আগ্রহের উল্লেখ আগেই আমরা করেছি। রবীন্দ্রনাথের 'সঞ্জীবচন্দ্র' [পালামৌ] প্রবন্ধটি আজ আদি সম্ভবত এই গ্রন্থের শ্রেষ্ঠতম মূল্যায়ন। এই বইয়ের উজ্জ্বল ও ব্যর্থ দুটি দিকই রবীন্দ্রনাথের এই রচনায় সমান সহানুভূতিতে বর্ণিত হয়েছে। সঞ্জীবচন্দ্রের মধ্যে প্রতিভার ঐশ্বর্য থাকলেও গৃহিণীপনার যে অভাব ছিল সে বিষয়টি উল্লেখ প্রসঙ্গে রবীন্দ্রনাথ তার রচনার প্রথমেই জানিয়েছেন:

[কোনো কোনো ক্ষমতাশালী লেখকের প্রতিভায় কী-একটি গ্রহদোষে অসম্পূর্ণতার অভিশাপ থাকিয়া যায়; তাহারা অনেক লিখিলেও মনে হয় তাহাদের সব লেখা শেষ হয় নাই। তাঁহাদের প্রতিভাকে আমরা সুসংলগ্ন আকারবদ্ধভাবে পাই না, বুঝিতে পারি তাহার মধ্যে বৃহত্বের মহত্বের অনেক উপাদান ছিল, কেবল সেই সংযোজনা ছিল না যাহার প্রভাবে সে আপনাকে সর্বসাধারণের নিকট সর্বশ্রেষ্ঠ উপায়ে প্রকাশ ও প্রমাণ করিতে পারে।

সঞ্জীবচন্দ্রের প্রতিভা পূর্বোক্ত শ্রেণীর। তাহার রচনা হইতে অনুভব করা যায় তাহার প্রতিভার অভাব ছিল না, কিন্তু সেই প্রতিভাকে তিনি প্রতিষ্ঠিত করিয়া যাইতে পারেন নাই। তাহার হাতের কাজ দেখিলে মনে হয়, তিনি যতটা কাজে দেখাইয়াছেন তাঁহার সাধ্য তদপেক্ষা অধিক ছিল।

তাঁহার মধ্যে যে পরিমাণে ক্ষমতা ছিল সে পরিমাণে উদ্যম ছিল না। তাহার প্রতিভার ঐশ্বর্য ছিল কিন্তু গৃহিণীপনা ছিল না। ভালো গৃহিণীপনায় স্বল্পকেও যথেষ্ঠ করিয়া তুলিতে পারে; যতটুকু আছে তাহার যথাযোগ্য বিধান করিতে পারিলে তাহার দ্বারা প্রচুর ফল পাওয়া গিয়া থাকে। কিন্তু অনেক থাকিলেও উপযুক্ত গৃহিণীপনার অভাবে সে ঐশ্বর্য ব্যর্থ হইয়া যায়; সে স্থলে অনেক জিনিস ফেলাছাড়া যায়, অথচ অল্প জিনিসই কাজে আসে। তাহার

অপেক্ষা অল্প ক্ষমতা লইয়া অনেকে যে পরিমাণে সাহিত্যের অভাব মোচন করিয়াছেন তিনি প্রচুর ক্ষমতা সত্ত্বেও তাহা পারেন নাই; তাহার কারণ, সঞ্জীবের প্রতিভা ধনী, কিন্তু গৃহিণী নহে।]

কিন্তু 'গৃহিণী' না হলেও তাঁর প্রতিভা যে 'ধনী ছিল তার বিস্তারিত আলোচনা পাই রবীন্দ্রনাথের ঐ প্রবন্ধেই, একটু পরে :

[পালামৌ-ভ্রমণ বৃত্তান্তের মধ্যে সৌন্দর্যের প্রতি সঞ্জীবচন্দ্রের যে একটি অকৃত্রিম সজীব অনুরাগ প্রকাশ পাইয়াছে এমন সচরাচর বাংলা লেখকদের মধ্যে দেখা যায় না।. 'পালামৌ' তে সঞ্জীবচন্দ্র যে বিশেষ কোনো কৌতুহলজনক নূতন কিছু দেখিয়াছেন অথবা পুঙ্খানুপুঙ্খরূপে কিছু বর্ণনা করিয়াছেন তাহা নহে, কিন্তু সর্বত্রই ভালোবাসিবার ও ভালো লাগিবার একটা ক্ষমতা দেখাইয়াছেন। পালামৌ দেশটা সুসংলগ্ন সুস্পষ্ট জাজ্বল্যমান চিত্রের মতো প্রকাশ পায় নাই, কিন্তু যে সহৃদয়তা ও রসবোধ থাকিলে জগতে সর্বত্রই অক্ষয় সৌন্দর্যের সুধাভাণ্ডার উদঘাটিত হইয়া যায়। সেই দুর্লভ জিনিসটি তিনি রাখিয়া গিয়াছেন, এবং তাঁহার হৃদয়ের সেই অনুরাগপূর্ণ মমত্ববৃত্তির কল্যাণকিরণ যাহাকেই স্পর্শ করিয়াছো-কৃষ্ণবর্ণ কোল রমণীই হউক, ছোট হউক, বড়ো হউক— সকলকেই একটি সুকোমল সৌন্দর্য এবং গৌরব অর্পণ করিয়াছে।]

সঞ্জীবচন্দ্রের বর্ণনা ক্ষমতা প্রসঙ্গে রবীন্দ্রনাথের বক্তব্য সঞ্জীবচন্দ্রের প্রতিভার মূলশক্তিকে বোঝার ব্যাপারে অন্তর্ভেদী। রবীন্দ্রনাথ লিখেছেন :

[গ্রন্থকার কোল-যুবতীদের নৃত্যের যে বর্ণনা করিয়াছেন তাহা উদ্ধৃত করি—

যুবাদিগের প্রতি উপহাস আরম্ভ করিল, সঙ্গে সঙ্গে বড়ো হাসির ঘটা পড়িয়া গেল। উপহাস আমি কিছুই বুঝিতে পারিলাম না; কেবল অনুভবে স্থির করিলাম যে, যুবারা ঠকিয়া গেল। ঠকিবার কথা—যুবা দশ-বারোটি, কিন্তু যুবতীরা প্রায় চল্লিশজন; সেই চল্লিশ জনে হাসিলে হাইলন্ডের পল্টন ঠকে। হাস্য উপহাস্য শেষ হইলে নৃত্যের উদ্যোগ আরম্ভ হইল। যুবতী সকলে হাত ধরাধরি করিয়া অর্ধচন্দ্রাকৃতি রেখা বিন্যাস করিয়া দাঁড়াইল। দেখিতে বড়ো চমৎকার হইল। সকলগুলিই সম-উচ্চ, সকলগুলিই পাথুরে কালো; সকলেরই অনাবৃত দেহ; সকলেরই সেই অনাবৃত বক্ষে আর্শির ধুকধুকি চন্দ্রকিরণে এক-একবার জ্বলিয়া উঠিতেছে। আবার সকলের মাথায় বনপুষ্প, কর্ণে বনপুষ্প, ওষ্ঠে হাসি। সকলেই আহ্লাদে পরিপূর্ণ, আহ্লাদে চঞ্চল—যেন তেজঃপুঞ্জ অশ্বের ন্যায় সকলেই দেহবেগ সংযম করিতেছে।

সম্মুখে যুবারা দাঁড়াইয়া, যুবাদের পশ্চাতে মৃন্ময়মঞ্চোপরি বৃদ্ধেরা এবং তৎসঙ্গে এই নরাধম। বৃদ্ধের ইঙ্গিত করিলে যুবাদের দলে মাদল বাজিল, অমনি যুবতীদের দেহ যেন শিহরিয়া উঠিল। যদি দেহের কোলাহল থাকে তবে যুবতীদের দেহে কোলাহল পড়িয়া গেল, পরেই তাহারা নৃত্য আরম্ভ বরিল।'

এই বর্ণনাটি সুন্দর, ইহা ছাড়া আর কী বলিবার আছে? এবং ইহা অপেক্ষা প্রশংসার বিষয়ই-বা কী হইতে পারে? যুবতীদের দেহে কোলাহল পড়িয়া গেল,... এ কথা বলিলে ত্বরিত আমাদের মনে একটা ভাবের উদয় হয়; যে কথাটা সহজে বর্ণনা করা দুরূহ তাহা ঐ উপমা-দ্বারা এক পলকে আমাদের হৃদয়ে মুদ্রিত হইয়া যায়। নৃত্যের বাদ্য বাজিবামাত্র চিরাভ্যাসক্রমে কোল-রমণীদের সর্বাঙ্গে একটা উদাম উৎসাহিচাঞ্চল্য তরঙ্গিত হইয়া উঠিল, তৎক্ষণাৎ তাহাদের প্রত্যেক অঙ্গপ্রত্যঙ্গের মধ্যে যেন একটা জানাজানি কানাকানি, একটা সচকিত উদ্যম, একটা উৎসবের আয়োজন পড়িয়া গেল—

যদি আমাদের দিব্যকর্ণ থাকিত তবে যেন আমরা তাহাদের নৃত্যবেগে উল্লসিত দেহের কল-কোলাহল শুনিতে পাইতাম।]

বইটির পাতায় পাতায় সহজ লালিত্য, অরণ্যের আদিম গাঢ় অনুভব, চিত্ররূপময় বর্ণনা, ভাষার সৌন্দর্য, প্রকৃতি-মধুরতা এই বইকে বাঙালি পাঠকের কাছে বহুদিন পর্যন্ত স্মরণীয় করে রাখবে।

পালামৌ-এর মধ্যে একই সঙ্গে যে-প্রতিভার ঐশ্বর্য এবং গৃহিনীপনার অভাবের কথা রবীন্দ্রনাথ উল্লেখ করেছেন সঞ্জীবচন্দ্রের জীবনও ছিল তারই উদাহরণ। তাঁর জীবনকে ঘিরে ছিল এক অদ্ভুত দায়িত্বহীনতা, আলস্য, খামখেয়ালিপনা এবং উদাসীনতা। আচমকা বিদ্যুচ্চমকের মতো তার মধ্যে সক্রিয়তা দেখা যেত—তিনি 'জ্বলে' উঠতেন, কিন্তু তা স্বল্প সময়ের জন্যেই। আবার সেই বিরতিহীন দীর্ঘ অলসতা এবং দায়িত্বহীনতা তাকে অধিকার করত। অসাধারণ মেধাবী হওয়া সত্ত্বেও সুস্থিরভাবে প্রাতিষ্ঠানিক লেখাপড়া কিংবা চাকরি কোনোটাই তিনি করতে পারেননি।

আমরা যদি পালামৌ সম্পর্কিত মূল্যায়নকে অতি সংক্ষেপে সূত্রবদ্ধ করি তাহলে বলব যে, পালামৌ বাংলাসাহিত্যের সর্বপ্রথম সার্থক ভ্রমণকাহিনী। আবার এই রচনাটিকে যদি কেবল ভ্রমণসাহিত্য বলা হয় তাহলেও এর পরিচয় যথার্থ হয় না। কারণ ব্যক্তিগত জীবন উপলব্ধির আলোকে তিনি যে ভাষ্য রচনা করেছেন তাতে তাঁর বক্তব্য হয়ে উঠেছে। একদিকে দার্শনিকতাময় অন্যদিকে কবিতামণ্ডিত। সবকিছুর সমন্বয়ে রচনাটি যে সংরূপে সম্পন্ন হয়েছে তাকে বাংলাসাহিত্যের একটি শ্রেষ্ঠ নিদর্শন বলা যাবে। কারণ রচনাসাহিত্যের দর্শনেই লেখকের ব্যক্তিসত্তার প্রতিফলন ঘটে। উপন্যাসেরও গুণ রয়েছে এতে।

রবীন্দ্রনাথ পালামৌ-এর মধ্যে অসম্পূর্ণতার অভিশাপ দেখতে পেয়েছিলেন। তা সত্ত্বেও যে এর রচনারীতি তাঁকে আকৃষ্ট করেছিল তার পেছনে ক্রিয়াশীল ছিল সঞ্জীবচন্দ্রের গদ্যের 'প্রসাদ গুণ'। সেই সঙ্গে যুক্ত হয়েছিল অপরূপ বর্ণনা-কুশলতা। যে-সময়ে সঞ্জীবচন্দ্র এই রচনাটি লিখছিলেন তখন আজকের মতো ভাষাচেতনা গড়ে ওঠেনি বাঙালি সমাজে। ভাষাচেতনার একটি ছোট দৃষ্টান্ত তাঁর রচনা থেকে উদ্ধৃত করি।

[তিনি বলেছেন: সাধুভাষা অতি অসম্পন্ন; এই ভাষায় গালি চলে না, ঝগড়া চলে না, মনের অনেক অনেক কথা বলা যায় না।']

আমরা সাম্প্রতিককালে ভাষা নিয়ে যে ধরনের চিন্তা করছি তার সঙ্গে তার এত আগের চিন্তার কী চমৎকার নৈকট্যই-না রয়েছে।

পালামৌ বইটির বর্ণনায় কেবল সৌন্দর্যই নেই, রয়েছে অনেক প্রয়োজনীয় তথ্য। প্রসঙ্গত বলা যায় যে, আধুনিক নৃবিজ্ঞান-চেতনারও পরিচয় তিনি দিয়েছেন এতে। বিশেষত কোল-নারীদের বর্ণনায় এই পরিচয় পাওয়া যায়।

সঞ্জীবচন্দ্রও একজন রেনেসাঁস-মানুষ। তাঁর এই রচনায় আমরা দেখতে পাই অনুসন্ধিৎসা ও বিজ্ঞানচেতনা। সবার ওপরে রয়েছে মানবিকতার প্রতি পক্ষপাত যা রেনেসাসের প্রধান বৈশিষ্ট্য। রেনেসাঁসের আরও একটি দিক স্বদেশপ্রেম । রচনাটি স্বদেশপ্রেমেও উজ্জ্বল। বিশেষত এই পরিচয় আকর্ষণীয় হয়ে উঠেছে বিদেশি মদের সঙ্গে দেশি মদের তুলনার ক্ষেত্রে।

প্রসঙ্গান্তরে যাবার যে দৃষ্টান্ত ইতিপূর্বে দেয়া হয়েছে তাতে বাঙালি মনের বৈশিষ্ট্য দেখানো হয়েছে। বাঙালিদের সংকীর্ণতা-প্রসারিতার কথাও এই ভ্রমণ-স্মৃতিমূলক রচনাসাহিত্যের অন্যতম পার্শ্ববিষয় হয়ে এসেছে।

মাঝে মাঝেই সঞ্জীব প্রসঙ্গান্তরে গিয়েছেন। যেমন তিনি লিখেছেন,

[যাঁহার বাটীতে যাইতেছি, তাহার সহিত আমার কখনো চক্ষুষ হয় নাই। তাহার নাম শুনিয়াছি, সুখ্যাতিও যথেষ্ট শুনিয়াছি, সজ্জন বলিয়া তাহার প্রশংসা সকলেই করে। কিন্তু সে প্রশংসায় কর্ণপাত বড় করি নাই, কেননা বঙ্গবাসীমাত্রই সজ্জন; বঙ্গে কেবল প্রতিবাসীরাই দুরাত্মা, যাহা নিন্দা শুনা যায় তাহা কেবল প্রতিবাসীর। প্রতিবাসীরা পরশ্রীকাতর, দাম্ভিক, কলহপ্রিয়, লোভী, কৃপণ, বঞ্চক। তাহারা আপনাদের সন্তানকে ভালো কাপড়, ভালো জুতা পর্যায়; কেবল আমাদের সন্তানকে কাঁদাইবার জন্য। তাহারা আপন পুত্রবধূকে উত্তম বস্ত্রালঙ্কার দেয়, কেবল আমাদের পুত্রবধূর মুখ ভার করাইবার নিমিত্ত। পাপিষ্ঠ প্রতিবাসীরা। যাহাদের প্রতিবাসী নাই, তাহাদের ক্রোধ নাই। তাহাদেরই নাম ঋষি। ঋষি কেবল প্রতিবাসী-পরিত্যাগী গৃহী। ঋষির আশ্রম-পার্শ্বে প্রতিবাসী বসাও, তিনদিনের মধ্যে ঋষির ঋষিত্ব যাইবে। প্রথম দিন প্রতিবাসীর ছাগলে পুষ্পবৃক্ষ নিষ্পত্র করিবে। দ্বিতীয় দিনে প্রতিবাসীর গরু আসিয়া কমণ্ডলু ভাঙিবে, তৃতীয় দিনে প্রতিবাসীর গৃহিণী আসিয়া ঋষিপত্নীকে অলঙ্কার দেখাইবে। তাহার পরই ঋষিকে ওকালতির পরীক্ষা দিতে হইবে নতুবা ডেপুটি মেজিষ্ট্রেটির দরখাস্ত করিতে হইবে। (প্রথম প্রবন্ধ)]

এইটুকু বলে তিনি বলেছেন 'এক্ষণে সে সকল কথা থাক।' রবীন্দ্রনাথ এই ধরনের প্রসঙ্গান্তরে যাওয়াকে এই রচনার সৌষ্ঠবহানি বলে মনে করেছিলেন। কিন্তু রবীন্দ্রনাথের এই মন্তব্যকে নির্বিচারে গ্রহণ করা যায় না। কারণ রচনাসাহিত্য' এমন এক মুক্ত সংরূপ যা একের মধ্যে অনেককে ধারণ করে। এ ক্ষেত্রেও তাই ঘটেছে। লেখক যদি প্রসঙ্গান্তরে না-ই যেতেন তাহলে বাঙালি স্বভাব সম্পর্কে এই অসাধারণ পর্যবেক্ষণ কীভাবে প্রকাশ করতেন?

ছাত্র হিশেবে তিনি মেধাবী ছিলেন, কিন্তু ছাত্রজীবন তার সুস্থির ছিল না। পিতার চাকরিস্থল পরিবর্তনের কারণে তাকে নানা জায়গায় লেখাপড়া করতে হয়েছে। এই ঘনঘন স্থানচ্যুতি তার ছাত্রজীবনে বারে বারে ছেদ এনে এই জীবনকে একরকম ব্যর্থ করে দেয়। চাকরিজীবনেও এই অসংলগ্নতা, ছেদ এবং পুনরাবৃত্তি চলতে থাকে। প্রথমে পিতার চেষ্টায় সরকারি চাকরিতে যোগদান করেন। যে পদে তিনি কর্মরত ছিলেন। সে পদের বিলুপ্তি ঘটলে তিনি চাকরি হারান এবং হঠাৎ করেই পুষ্পোদ্যান নির্মাণে আত্মনিয়োগ করেন। এর কিছুকাল পরে ডেপুটি ম্যাজিস্ট্রেট হিশেবে পুনরায় চাকরিতেও যোগদান করেন। কিন্তু এ চাকরিও বছর দুয়ের বেশি স্থায়ী হয়নি। এই চাকরি-সূত্রেই সরকার তাকে পালামী ে নামে এক প্রায়-অরণ্যে বিশেষ দায়িত্বে নিয়োগ করলে তিনি পালামৌ যান, কিন্তু পালামৌ-এর মতো বিজন বনে বসবাস করা তার কাছে দুঃসহ মনে হওয়ায় তিনি অল্পদিনের মধ্যেই ফিরে আসেন। তার চাকরিজীবনের এ-ছাড়াও রয়েছে কিছু বিক্ষিপ্ত অধ্যায়। কিন্তু পালামৌ-এর স্বল্পকালীন অবস্থিতির ঘটনা তার চেতনায় যে অনুভূতি-গভীর ছায়া ফেলে তা নিয়েই রচিত তাঁর এই অসামান্য ভ্রমণকাহিনী। 'প্রমথনাথ বসু ছদ্মনামে এই ভ্রমণকাহিনী 'বঙ্গদর্শন'-এ প্রকাশিত হয়েছিল।

প্রতিভা এবং অপব্যয়ের লোকশ্রুত উদাহরণ এই অদ্ভুত মানুষটি বেশকিছু কাজের মধ্যেও জড়িত হয়েছিলেন বিভিন্ন সময়ে। বঙ্কিমচন্দ্র প্রতিষ্ঠিত 'বঙ্গদর্শন' পত্রিকার সম্পাদকের দায়িত্ব পালন করেছিলেন কিছুকাল। বহু তথ্য-প্রমাণ সংগ্রহ করে প্রজাকল্যাণের উদ্দেশে Bengal Ryot নামে একটি গ্রন্থও রচনা করেন—যা পড়ে মুগ্ধ হয়ে তৎকালীন লেফটেনেন্ট গভর্নর তাঁকে ডেপুটি ম্যাজিস্ট্রেট পদে নিয়োগ করেছিলেন। উপন্যাসও লিখেছিলেন কয়েকটি। কন্ঠমালা, মাধবীলতা তার উল্লেখযোগ্য উপন্যাস। উপন্যাসতুল্য ইতিহাস-কাহিনী 'জাল প্রতাপচাঁদ' তাঁর উল্লেখযোগ্য রচনা। ক্ষণিক সক্রিয়তা এবং ব্যাপ্ত দায়িত্বহীনতার দ্বৈরথে চিহ্নিত এই সৌন্দর্যপ্রিয় প্রতিভাবান মানুষটি জীবনের শেষপর্বে কৃষ্ণনগরের নিজের বাড়িতে সম্পূর্ণ নিক্রিয় অবস্থায় ধীরে ধীরে মৃত্যুর দিকে এগিয়ে যান। তাঁর মৃত্যু ঘটে ১৮৮৯ সালে।

আহমাদ মাযহার

প্রথম প্রবন্ধ

বহুকাল হইল আমি একবার পালামৌ প্রদেশে গিয়াছিলাম, প্রত্যাগমন করিলে পর সেই অঞ্চলের বৃত্তান্ত লিখিবার নিমিত্ত দুই এক জন বন্ধুবান্ধব আমাকে পুনঃ পুনঃ অনুরোধ করিতেন, আমি তখন তাঁহাদের উপহাস করিতাম। এক্ষণে আমায় কেহ অনুরোধ করে না, অথচ আমি সেই বৃত্তান্ত লিখিতে বসিয়াছি। তাৎপর্য্য বয়স। গল্প করা এ বয়সের রোগ, কেহ শুনুন বা না শুনুন, বৃদ্ধ গল্প করে।

অনেক দিনের কথা লিখিতে বসিয়াছি, সকল স্মরণ হয় না। পূর্ব্বে লিখিলে যাহা লিখিতাম, এক্ষণে যে তাহাই লিখিতেছি এমত নহে। পূর্ব্বে সেই সকল নির্জ্জন পর্ব্বত, কুসুমিত কানন প্রভৃতি যে চক্ষে দেখিয়াছিলাম, সে চক্ষু আর নাই। এখন পর্ব্বত কেবল প্রস্তরময়, বন কেবল কন্টকাকীর্ণ, অধিবাসীরা কেবল কদাচারী বলিয়া স্মরণ হয়। অতএব যাঁহারা বয়োগুণে কেবল শোভা সৌন্দর্য্য প্রভৃতি ভাল বাসেন, বৃদ্ধের লেখায় তাঁহাদের কোনো প্রবৃত্তি পরিতৃপ্ত হইবে না।

যখন পালামৌ যাওয়া আমার একান্ত স্থির হইল, তখন জানি না যে সে স্থান কোন্ দিকে, কত দূরে। অতএব ম্যাপ দেখিয়া পথ স্থির করিলাম। হাজারিবাগ হইয়া যাইতে হবে এই বিবেচনায় ইন্‌ল্যান্ড ট্রাঞ্জিট কোম্পানীর (Inland Transit Company) ডাকগাড়ী ভাড়া করিয়া রাত্রি দেড় প্রহরের সময় রাণীগঞ্জ হইতে যাত্রা করিলাম। প্রাতে বরাকর নদীর পূর্ব্বপারে গাড়ি থামিল। নদী অতি ক্ষুদ্র, তৎকালে অল্পমাত্র জল ছিল, সকলেই হাঁটিয়া পার

হইতেছে, গাড়ী ঠেলিয়া পার করিতে হইবে, অতএব গাড়ওয়ান কুলি ডাকিতে গেল।

পূর্ব্বপার হইতে দেখিলাম যে, অপর পারে ঘাটের উপরেই একজন সাহেব বাঙ্গালায় বসিয়া পাইপ টানিতেছেন, সম্মুখে একজন চাপরাসী একরূপ গৈরিক মৃত্তিকা হস্তে দাঁড়াইয়া আছে। যে ব্যক্তি পারার্থ সেই ঘাটে আসিতেছে, চাপরাশি তাহার বাহুতে সেই মৃত্তিকাদ্বারা কী অঙ্কপাত করিতেছে। পারার্থীর মধ্যে বন্য লোকই অধিক, তাহাদের যুবতীরা মৃত্তিকারঞ্জিত আপন আপন বাহুর প্রতি আড়নয়নে চাহিতেছে আর হাসিতেছে, আবার অন্যের অঙ্গে সেই অঙ্কপাত কিরূপ দেখাইতেছে তাহাও এক একবার দেখিতেছে। শেষে যুবতীরা হাসিতে হাসিতে দৌড়িয়া নদীতে নামিতেছে। তাহাদের ছুটাছুটিতে নদীর জল উচ্ছ্বসিত হইয়া কূলের উপর উঠিতেছে।

আমি অন্যমনস্কে এই রঙ্গ দেখিতেছি এমত সময়ে কুলিদের কতকগুলি বালক বালিকা আসিয়া আমার গাড়ী ঘেরিল। “সাহেব একটি পয়সা” “সাহেব একটি পয়সা” এই বলিয়া চীৎকার করিতে লাগিল। ধুতি চাদর পরিয়া আমি নিরীহ বাঙালী বসিয়া আছি, আমায় কেন সাহেব বলিতেছে তাহা জানিবার নিমিত্ত বলিলাম, “আমি সাহেব নহি।” একটি বালিকা আপন ক্ষুদ্র নাসিকাস্থ অঙ্গুরীবৎ অলঙ্কারের মধ্যে নখ নিমজ্জন করিয়া বলিল, “হাঁ, তুমি সাহেব।” আর একজন জিজ্ঞাসা করিল, “তবে তুমি কি?” আমি বলিলাম, “আমি বাঙ্গালী।” সে বিশ্বাস করিল না, বলিল, “না, তুমি সাহেব।” তাহারা মনে করিয়া থাকিবে যে, যে গাড়ি চড়ে, সে অবশ্য সাহেব।

এই সময় একটি দুইবৎসরবয়স্ক শিশু আসিয়া আকাশের দিকে মুখ তুলিয়া হাত পাতিয়া দাঁড়াইল। কেন হাত পাতিল তাহা সে জানে না, সকলে হাত পাতিয়াছে দেখিয়া সেও হাত পাতিল। আমি তাহার হস্তে একটি পয়সা

দিলাম, শিশু তাহা ফেলিয়া দিয়া আবার হাত পাতিল, অন্য বালক সে পয়সা কুড়াইয়া লইলে শিশুর ভগিনীর সাথে তাহার তুমুল কলহ বাধিল। এই সময় আমার গাড়ী অপর পাড়ে গিয়া উঠিল।

বরাকর হইতে দুই একটি ক্ষুদ্র পাহাড় দেখা যায়। বঙ্গবাসীদের কেবল মাঠ দেখা অভ্যাস, মৃত্তিকার সামান্য স্তূপ দেখিলেই তাহাদের আনন্দ হয়। অতএব সেই ক্ষুদ্র পাহাড়গুলি দেখিয়া যে তৎকালে আমার যথেষ্ট আনন্দ হইবে ইহা আর আশ্চর্য্য কি? বাল্যকালে পাহাড় পর্ব্বতের পরিচয় অনেক শুনা ছিল, বিশেষতঃ একবার এক বৈরাগী আখড়ায় চুণকাম-করা এক গিরিগোবর্দ্ধন দেখিয়া পাহাড়ের আকার অনুভব করিয়া লইয়াছিলাম। কৃষক-কন্যারা শুষ্ক গোময় সংগ্রহ করিয়া যে স্তূপ করে, বৈরাগীর গোবর্দ্ধন তাহা অপেক্ষা কিছু বড়। তাহার স্থানে স্থানে চারি পাঁচখানি ইষ্টক গাঁথিয়া এক একটি চূড়া করা হইয়াছে। আবার সর্বোচ্চ চূড়ার পার্শ্বে এক সর্পফণা নির্ম্মাণ করিয়া তাহা হরিত, পীত, নানা বর্ণে চিত্রিত করা হইয়াছে, পাছে সর্পের প্রতি লোকের দৃষ্টি না পড়ে এইজন্য ফণাটি কিছু বড় করিতে হইয়াছে। কাজেই পর্ব্বতের চূড়া অপেক্ষা ফণাটি বড় হইয়া পড়িয়াছে, তাহা মিস্ত্রির গুণ নহে, বৈরাগীরও দোষ নহে। সর্পটি কালীয়দমনের কালীয়, কাজেই যে পর্ব্বতের উপর কালীয় উঠিয়াছে, সে পর্ব্বতের চূড়া অপেক্ষা তাহার ফণা যে কিছু বৃহৎ হইবে ইহার আর আশ্চর্য্য কী? বৈরাগীর এই গিরিগোবর্দ্ধন দেখিয়া বাল্যকালেই পর্ব্বতের অনুভব হইয়াছিল। বরাকরের নিকট পাহাড়গুলি দেখিয়া আমার সেই বাল্যসংস্কারের কিঞ্চিৎ পরিবর্ত্তন হইতে আরম্ভ হইল।

অপরাহ্ণে দেখিলাম একটি সুন্দর পর্ব্বতের নিকট দিয়া গাড়ী যাইতেছে। এত নিকট দিয়া যাইতেছে যে, পর্ব্বতস্থ ক্ষুদ্র ক্ষুদ্র প্রস্তরের ছায়া পর্য্যন্ত দেখা যাইতেছে। গাড়ওয়ানকে গাড়ী থামাইতে বলিয়া আমি নামিলাম।

গাড়ওয়ান জিজ্ঞাসা করিল, "কোথা যাইবেন?" আমি বলিলাম, "একবার এই পর্ব্বতে যাইব।" সে হাসিয়া বলিল, "পাহাড় এখান হইতে অধিক দূর, আপনি সন্ধ্যার মধ্যে তথায় পৌঁছিতে পারিবেন না।" আমি এ কথা কোনরূপে বিশ্বাস করিলাম না। আমি স্পষ্ট দেখিতেছিলাম, পাহাড় অতি নিকট, তথা যাইতে আমার পাঁচ মিনিটও লাগিবে না, অতএব গাড়ওয়ানের নিষেধ না শুনিয়া আমি পর্ব্বতাভিমুখে চলিলাম। পাঁচ মিনিটের স্থলে ১৫ মিনিট কাল দ্রুতপাদবিক্ষেপে গেলাম, তথাপি পর্ব্বত পূর্বমতো সেই পাঁচ মিনিটের পথ বলিয়া বোধ হইতে লাগিল। তখন আমার ভ্রম বুঝিতে পারিয়া গাড়ীতে ফিরিয়া আসিলাম। পর্ব্বতসম্বন্ধে দূরতা স্থির করা বাঙ্গালীর পক্ষে বড় কঠিন, ইহার প্রমাণ পালামৌ গিয়া আমি পুনঃ পুনঃ পাইয়াছিলাম।

পরদিবস প্রায় দুই প্রহরের সময় হাজারিবাগ পৌঁছিলাম। তথায় গিয়া শুনিলাম, কোন সম্ভ্রান্ত ব্যক্তির বাটীতে আমার আহারের আয়োজন হইতেছে। প্রায় দুই দিবস আহার হয় নাই, অতএব আহার সম্বন্ধীয় কথা শুনিবামাত্র ক্ষুধা অধিকতর প্রদীপ্ত হইল। যিনি আমার নিমিত্ত উদ্যোগ করিতেছেন, তিনি আমার আগমনবার্ত্তা কিরূপে জানিলেন, তাহা অনুসন্ধান করিবার আর সাবকাশ হইল না, আমি তৎক্ষনাৎ তাঁহার বাটীতে গাড়ী লইয়া যাইতে অনুমতি করিলাম। যাঁহার বাটীতে যাইতেছি, তাঁহার সহিত আমার কখনও চাক্ষুষ হয় নাই। তাঁহার নাম শুনিয়াছি, সুখ্যাতিও যথেষ্ট শুনিয়াছি; সজ্জন বলিয়া তাঁহার প্রশংসা সকলেই করে। কিন্তু সে প্রশংসায় কর্ণপাত বড় করি নাই, কেন না বঙ্গবাসীমাত্রই সজ্জন; বঙ্গে কেবল প্রতিবাসীরাই দুরাত্মা, যাহা নিন্দা শুনা যায় তাহা কেবল প্রতিবাসীর। প্রতিবাসীরা পরশ্রীকাতর, দাম্ভিক, কলহপ্রিয়, লোভী, কৃপণ, বঞ্চক। তাহারা আপনাদের সন্তানকে ভাল কাপড়, ভাল জুতা পড়ায়; কেবল আমাদের সন্তানকে কাঁদাইবার জন্য। তাহারা

আপনার পুত্রবধূকে উত্তম বস্ত্রালঙ্কার দেয়, কেবল আমাদের পুত্রবধূর মুখ ভার করাইবার নিমিত্ত। পাপিষ্ঠ, প্রতিবাসীরা! যাহাদের প্রতিবাসী নাই, তাহাদের ক্রোধ নাই। তাহাদেরই নাম ঋষি। ঋষি কেবল প্রতিবাসী-পরিত্যাগী গৃহী। ঋষির আশ্রমপ্বার্শে প্রতিবাসী বসাও, তিন দিনের মধ্যে ঋষির ঋষিত্ব যাইবে। প্রথম দিন প্রতিবাসীর ছাগলে পুষ্পবৃক্ষ নিষ্পত্র করিবে। দ্বিতীয় দিনে প্রতিবাসীর গোরু আসিয়া কমণ্ডলু ভাঙ্গিবে, তৃতীয় দিনে প্রতিবাসীর গৃহিণী আসিয়া ঋষি-পত্নীকে অলঙ্কার দেখাইবে। তাহার পরই ঋষিকে ওকালতির পরীক্ষা দিতে হইবে, নতুবা ডেপুটি মেজিষ্ট্রেটীর দরখাস্ত করিতে হইবে।

এক্ষণে সে সকল কথা যাক্। যে বঙ্গবাসীর গৃহে আতিথ্য স্বীকার করিতে যাইতেছিলাম, তাঁহার উদ্যানে গাড়ী প্রবেশ করিলে তাহা কোনো ধনবান ইংরেজের হইবে বলিয়া আমার প্রথমে ভ্রম হইল। পরক্ষণেই সে ভ্রম গেল। বারাণ্ডায় গুটিকত বাঙ্গালী বসিয়া আমার গাড়ী নিরীক্ষণ করিতেছিলেন, তাঁহাদের নিকটে গিয়া গাড়ি থামিলে আমি গাড়ী হইতে অবতরণ করিলাম। আমাকে দেখিয়া তাঁহারা সকলেই সাদরে অগ্রসর হইলেন। না চিনিয়া যাঁহার অভিবাদন সর্ব্বাগ্রে গ্রহণ করিয়াছিলাম, তিনিই বাটীর কর্ত্তা। তিনি শত লোক সমভিব্যাহারে থাকিলেও আমার দৃষ্টি বোধ হয় প্রথমেই তাঁহার মুখের প্রতি পড়িত। সেরূপ প্রসন্নতাব্যঞ্জক ওষ্ঠ আমি অতি অল্প দেখিয়াছি। তখন তাঁহার বয়ঃক্রম বোধহয় পঞ্চাশ অতীত হইয়াছিল, বৃদ্ধের তালিকায় তাঁহার নাম উঠিয়াছিল, তথাপি তাঁহাকে বড় সুন্দর দেখিয়াছিলাম। বোধহয় সেই প্রথম আমি বৃদ্ধকে সুন্দর দেখি।

যে সময়ের কথা বলিতেছি, আমি তখন নিজে যুবা; অতএব সে বয়সে বৃদ্ধকে সুন্দর দেখা ধর্ম্মসঙ্গত নহে। কিন্তু সে দিবস এরূপ ধর্ম্মবিরুদ্ধ কার্য্য ঘটিয়াছিল। এক্ষণে আমি নিজে বৃদ্ধ, কাজেই প্রায় বৃদ্ধকে সুন্দর দেখি। একজন

মহানুভব বলিয়াছিলেন যে, মনুষ্য বৃদ্ধ না হইলে সুন্দর হয় না, এক্ষণে আমি তাঁহার ভূয়সী প্রশংসা করি।

প্রথম সম্ভাষণ সমাপন হইলে পর স্নানাদি করিতে যাওয়া গেল। স্নান গোছলখানায় ইংরেজী মতেই হইল, কিন্তু আহার ঠিক হিন্দুমতে হয় নাই, কেন না, তাহাতে পলাণ্ডুর আধিক্য ছিল। পলাণ্ডু হিন্দুধর্ম্মের বড় বিরোধী। তদ্ভিন্ন আহারের আর কোনো দোষ ছিল না, সঘৃত আতপান্ন, আর দেবীদুর্লভ ছাগমাংস, এই দুই-ই নির্দোষী।

পাক সম্বন্ধে পলাণ্ডুর উল্লেখ করিয়াছি, কিন্তু পিঁয়াজ উল্লেখ করাই আমার ইচ্ছা ছিল। পিঁয়াজ যাবনিক শব্দ, এই ভয়ে পলাণ্ডুর উল্লেখ করিয়া সাধুগণের মুখ পবিত্র রাখিয়াছি, কিন্তু পিঁয়াজ পলাণ্ডু এক দ্রব্য কি না, এ বিষয়ে আমার বহুকালাবধি সংশয় আছে। একবার পাঞ্জাব অঞ্চলের এক জন বৃদ্ধ রাজা জগন্নাথ দর্শন করিতে যাইবার সময় মেদিনীপুরে দুই এক দিন অবস্থিতি করেন। নগরের ভদ্রলোকেরা তাঁহার সহিত সাক্ষাৎ করিবার প্রার্থনা করিলে, তিনি কি প্রধান, কি সামান্য, সকলের সহিত সাক্ষাৎ করিয়া নানাপ্রকার আলাপ করিতেছিলেন, এমত সময় তাঁহাদের মধ্যে একজন যোড়হস্তে বলিলেন, "আমরা শুনিয়াছিলাম যে, মহারাজ হিন্দুচূড়ামণি, কিন্তু আসিবার সময় আপনার পাকশালার সম্মুখে পলাণ্ডু দেখিয়া আসিয়াছি।" বিস্ময়াপন্ন রাজা "পলাণ্ডু!" এই শব্দ বার বার উচ্চারণ করিয়া তৎক্ষণাৎ তদারকের নিমিত্ত স্বয়ং উঠিলেন, নগরস্থ ভদ্রলোকেরাও তাঁহার পশ্চাদ্বর্ত্তী হইলেন। রাজা পাকশালার সম্মুখে দাঁড়াইলে, একজন বাঙ্গালী পিঁয়াজের স্তূপ দেখাইয়া দিল। রাজা তখন হাসিয়া বলিলেন, "ইহা পলাণ্ডু নহে; ইহাকে পিঁয়াজ বলে। পলাণ্ডু অতি বিষাক্ত সামগ্রী, তাহা কেবল ঔষধে ব্যবহার হয়। সকল দেশে তাহা জন্মে না; যে মাঠে জন্মে, মাঠের বায়ু দূষিত হইয়া যায়, এই ভয়ে সে মাঠ দিয়া কেহ যাতায়াত করে না। সে মাঠে আর কোনো ফসল হয় না।"

রাজার এই কথা যদি সত্যি হয়, তাহা হইলে অনেকে নিশ্চিন্ত হইতে পারেন। পলাণ্ডু আর পিঁয়াজ এক সামগ্রী কি না, তাহা পশ্চিম প্রদেশে অনুসন্ধান হইতে পারে, বিশেষতঃ যে সকল বঙ্গবাসীরা সিন্ধুদেশ অঞ্চলে আছেন, বোধ হয় তাঁহারা অনায়াসেই এই কথার মীমাংসা করিয়া লইতে পারেন।

আহারান্তে বিশ্রামগৃহে বসিয়া বালকদিগের সহিত গল্প করিতে করিতে বালকদের শয়নঘর দেখিতে উঠিয়া গেলাম। ঘরটি বিলক্ষণ পরিসর, তাহার চারি কোণে চারিখানি খাট পাতা, মধ্যস্থলে আর একখানি খাট রহিয়াছে। জিজ্ঞাসা করায় বালকেরা বলিল, "চারি কোণে আমরা চারিজন শয়ন করি, আর মধ্যস্থলে মাষ্টার মহাশয় থাকেন।" এই বন্দোবস্ত দেখিয়া বড় পরিতৃপ্ত হইলাম। দিবারাত্র বালকদের কাছে শিক্ষক থাকার আবশ্যকতা অনেকে বুঝেন না।

বালকদের শয়নঘর হইতে বহির্গত হইয়া আর এক ঘরে দেখি, এক কাঁদি সুপক্ক মর্ত্তমান রম্ভা দোদুল্যমান রহিয়াছে, তাহাতে একখানি কাগজ ঝুলিতেছে, পড়িয়া দেখিলাম, নিত্য যত কদলী কাঁদি হইতে ব্যয় হয়, তাহাই তাহাতে লিখিত হইয়া থাকে। লোকে সচরাচর ইহাকে ক্ষুদ্র দৃষ্টি, ছোট নজর ইত্যাদি বলে; কিন্তু আমি তাহা কোনরূপে ভাবিতে পারিলাম না। যেরূপ অন্যান্য বিষয়ের বন্দোবস্ত দেখিলাম, তাহাতে "কলাকাঁদির হিসাব" দেখিয়া বরং আরও চমৎকৃত হইলাম। যাহাদের দৃষ্টি ক্ষুদ্র, তাহারা কেবল সামান্য বিষয়ের প্রতিই দৃষ্টি রাখে, অন্য বিষয় দেখিতে পায় না। তাহারা যথার্থই নীচ। কিন্তু আমি যাঁহার কথা বলিতেছি, দেখিলাম তাঁহার নিকট বৃহৎ সূক্ষ্ম সকলই সমভাবে পরিলক্ষিত হইয়া থাকে। অনেকে আছেন, বড় বড় বিষয় মোটামুটি দেখিতে পারেন, কিন্তু সূক্ষ্ম বিষয়ের প্রতি তাহাদের দৃষ্টি একেবারে পড়ে না।

তাঁহাদের প্রশংসা করি না। যাঁহারা বৃহৎ সূক্ষ্ম একত্র দেখিয়া কার্য্য করেন, তাঁহাদেরই প্রশংসা করি। কিন্তু এরূপ লোক অতি অল্প।

"কলাকাঁদির ফর্দ'" সম্বন্ধে বালকদিগের সহিত কথা কহিতে কহিতে জানিলাম যে, একদিন এক চাকর লোভ সম্বরণ করিতে না পারিয়া দুইটি সুপক্ক রম্ভা উদরস্থ করিয়াছিল, গৃহস্থের সকল বিষয়েই দৃষ্টি আছে, সকল বিষয়েরই হিসাব থাকে, কাজেই চুরি ধরা পড়িল। তখন তিনি চাকরকে ডাকিয়া চুরির জন্য জরিমানা করিলেন। পরে তাহার লোভ পরিতৃপ্ত করিবার নিমিত্ত যত ইচ্ছা কাঁদি হইতে রম্ভা খাইতে অনুমতি করিলেন। চাকর উদর ভরিয়া রম্ভা খাইল।

অপরাহ্ণে আমি উদ্যানে পদচারণ করিতেছি, এমত সময় গৃহস্থ "কাছারি" হইতে প্রত্যাগত হইলেন। পরে আমাকে সমভিব্যাহারে লইয়া বাগান, পুষ্করিণী, সমুদয় দেখাইতে লাগিলেন। যে স্থান হইতে যে বৃক্ষটি আনাইয়াছেন, তাহারও পরিচয় দিতে লাগিলেন। মধ্যাহ্নকালে "কলাকাঁদি" সম্বন্ধে যাহা দেখিয়াছি এবং শুনিয়াছি, তাহা তখনও আমার মনে পুনঃ পুনঃ আলোচিত হইতেছিল; কাজেই আমি কদলীবৃক্ষের প্রসঙ্গ না করিয়া থাকিতে পারিলাম না। বলিলাম, "আমার ধারণা ছিল এ অঞ্চলে রম্ভা জন্মে না; কিন্তু আপনার বাগানে যথেষ্ট দেখিতেছি।" তিনি উত্তর করিলেন, "এখানে বাজারে কলা পাওয়া যায় না। পূর্ব্বে কাহার বাটীতেও পাওয়া যাইত না। লোকের সংস্কার ছিল যে, এই প্রস্তরময় মৃত্তিকায় কলার গাছ রস পায় না, শুকাইয়া যায়। আমি তাহা বিশ্বাস না করিয়া, দেশ হইতে 'তেড়' আনিয়া পরীক্ষা করিলাম। এক্ষণে আমার নিকট হইতে 'তেড়' লইয়া সকল সাহেবই বাগানে লাগাইয়াছেন। এখন আর এখানে কদলীর অভাব নাই।"

এইরূপ কথাবার্ত্তা কহিতে কহিতে আমরা উদ্যানের এক প্রান্তভাগে আসিয়া উপস্থিত হইলাম, তথায় দুইটি স্বতন্ত্র ঘর দেখিয়া আমি জিজ্ঞাসা করায় গৃহস্থ বলিলেন, "উহার একটিতে আমার নাপিত থাকে, অপরটিতে আমার ধোপা থাকে। উহারা সম্পূর্ণ আমার বেতনভোগী চাকর নহে, তবে উভয়কে আমার বাটীতে স্থান দিয়া এক প্রকারে আবদ্ধ করিয়াছি। এখন যখনই আবশ্যক হয়, তখনই তাহাদের পাই। ধোপা, নাপিতের কষ্ট পূর্ব্বে আর কোন উপায়ে নিবারণ করিতে পারি নাই।"

সন্ধ্যার পর দেখিলাম, শিক্ষক-সম্মুখে বালকেরা যে টেবিলে বসিয়া অধ্যয়ন করিতেছে, তথায় একত্র একস্থানে তিনটি সেজ জ্বলিতেছে। অন্য লোক যাঁহারা কদলীর হিসাব রাখেন না, তাঁহারা বালকদের নিমিত্ত একটি সেজ দিয়া নিশ্চিন্ত হন, আর যিনি কদলীর হিসাব রাখেন, তিনি এই অতিরিক্ত ব্যয় কেন স্বীকার করিতেছেন জানিবার নিমিত্ত আমার কৌতূহল জন্মিল। শেষে আমি জিজ্ঞাসা করিলে তিনি বলিলেন, "ইহা অপব্যয় নহে, অল্প আলোকে অধ্যয়ন করিলে বালকের চক্ষু দুর্ব্বল হইবার সম্ভাবনা; যথেষ্ট আলোকে অধ্যয়ন করিলে চল্লিশের বহু পরে 'চালশা' ধরে।"

উচ্চপদস্থ সাহেবরা সর্ব্বদাই তাঁহার বাটীতে আসিতেন, এবং তাঁহার সহিত কথাবার্ত্তায় পরমাপ্যায়িত হইতেন। বাঙ্গালীরা ছোট বড় সকলেই তাঁহার সৌজন্যে বাধ্য ছিলেন, যে কুঠীতে তিনি বাস করিতেন, সেরূপ কুঠী সাহেবদেরও সচরাচর দেখিতে পাওয়া যায় না; কুঠীটি যেরূপ পরিষ্কৃত ও সুসজ্জীভূত ছিল, তাহা দেখিলে যথার্থই সুখ হয়, মনও পবিত্র হয়। মনের উপর বাসস্থানের আধিপত্য বিলক্ষণ আছে। যাহারা অপরিষ্কৃত ক্ষুদ্র ঘরে বাস করে, প্রায় দেখা যায়, তাহাদের মন সেইরূপ অপরিষ্কৃত ও ক্ষুদ্র। যিনি বিশ্বাস না করেন, তিনি বলিতে পারেন যে, যদি এ কথা সত্য হয়, তাহা হইলে প্রায় অধিকাংশ বাঙ্গালীর মন ক্ষুদ্র ও অপরিষ্কৃত হইত। আমরা এ কথা লইয়া কোন

তর্ক করিব না, আমরা যেমন দেখিতে পাই, সেই মত শিখিয়াছি। যাঁহাকে উপলক্ষ করিয়া এই কথা বলিয়াছি, তাঁহার মন, "কুঠী"র উপযোগী ছিল। সেরূপ কুঠীর ভাড়ায় যে ব্যক্তি বহু অর্থ ব্যয় করে, সে ব্যক্তি যদি কদলীর হিসাব রাখে, তাহা হইলে কী বুঝা কর্ত্তব্য?

রাত্রি দেড় প্রহরের সময় বাহকস্কন্ধে আমি ছোটনাগপুর যাত্রা করিলাম। তথা হইতে পালামৌ দুই চারিদিনের মধ্যে পৌঁছিলাম। পথের পরিচয় আর দিব না, এই কয়েক ছত্র লিখিয়া অনেককে জ্বালাতন করিয়াছি, আর বিরক্ত করিব না, এবার ইচ্ছা রহিল, মূল বিবরণ ভিন্ন অন্য কথা বলিব না, তবে যদি দুই একটি অতিরিক্ত কথা বলিয়া ফেলি, তাহা হইলে বয়সের দোষ বুঝিতে হইবে।

দ্বিতীয় প্রবন্ধ

সেকালের হরকরা নামক ইংরেজী পত্রিকায় দেখিতাম, কোন একজন মিলিটারি সাহেব "পেরেড" বৃত্তান্ত, "ব্যান্ডের" বাদ্যচর্চ্চা প্রভৃতি নানা কথা পালামৌ হইতে লিখিতেন। আমি তখন ভাবিতাম, পালামৌ প্রবল সহর, সাহেবসমাকীর্ণ সুখের স্থান। তখন জানিতাম না যে, পালামৌ শহর নহে, একটি প্রকাণ্ড পরগণামাত্র। শহর সে অঞ্চলেই নাই, নগর দূরে থাকুক, তথায় একখানি গণ্ডগ্রামও নাই, কেবল পাহাড় ও জঙ্গলে পরিপূর্ণ।

পাহাড় আর জঙ্গল বলিলে কে কী অনুভব করেন বলিতে পারি না। যাঁহারা "কৃষ্ণচন্দ্র কর্ম্মকার কৃত" পাহাড় দেখিয়াছেন, আর যাঁহাদের গৃহপার্শ্বে শৃগালশ্রান্তিসংবাহক ভাটভেরাণ্ডার জঙ্গল আছে, তাঁহারা যে এ কথা সমগ্র অনুভব করিয়া লইবেন, ইহার আর সন্দেহ নাই। কিন্তু অন্য পাঠকের জন্য সেই পাহাড় জঙ্গলের কথা কিঞ্চিৎ উত্থাপন করা আবশ্যক হইয়াছে। সকলের অনুভবশক্তি তো সমান নহে।

রাঁচি হইতে পালামৌ যাইতে যাইতে যখন যখন বাহকগণের নির্দ্দেশমত দূর হইতে পালামৌ দেখিতে পাইলাম, তখন আমার বোধ হইল যেন মর্ত্যে মেঘ করিয়াছে। আমি অনেকক্ষণ দাঁড়াইয়া সেই মনোহর দৃশ্য দেখিতে লাগিলাম। ঐ অন্ধকার মেঘমধ্যে এখনই যাইব, এই মনে করিয়া আমার কতই আহ্লাদ হইতে লাগিল। কতক্ষণে পৌঁছিব মনে করিয়া আবার কতই ব্যস্ত হইলাম।

পরে চারি পাঁচ ক্রোশ অগ্রসর হইয়া আবার পালামৌ দেখিবার নিমিত্ত পাল্কী হইতে অবতরণ করিলাম। তখন আর মেঘভ্রম হইল না, পাহাড়গুলি স্পষ্ট

চেনা যাইতে লাগিল; কিন্তু জঙ্গল ভাল চেনা গেল না। তাহার পরে আরও দুই এক ক্রোশ অগ্রসর হইলে, তাম্রাভ অরণ্য চারি দিকে দেখা যাইতে লাগিল; কি পাহাড়, কি তলস্থ স্থান সমুদয় যেন মেঘদেহের ন্যায় কুঞ্চিত লোমরাজিদ্বারা সর্ব্বত্র সমাচ্ছাদিত বোধ হইতে লাগিল। শেষ আরও কতদূর গেলে বন স্পষ্ট দেখা গেল। পাহাড়ের গায়ে, নিম্নে সর্ব্বত্র জঙ্গল, কোথাও আর ছেদ নাই। কোথাও কর্ষিত ক্ষেত্র নাই, গ্রাম নাই, নদী নাই, পথ নাই, কেবল বন—ঘন নিবিড় বন।

পরে পালামৌ প্রবেশ করিয়া দেখিলাম, নদী, গ্রাম, সকলই আছে, দূর হইতে তাহা কিছুই দেখা যায় নাই। পালামৌ পরগণায় পাহাড় অসংখ্য, পাহাড়ের পর পাহাড়, তাহার পর পাহাড়, আবার পাহাড়; যেন বিচলিত নদীর সংখ্যাতীত তরঙ্গ। আবার বোধহয় যেন অবনীর অন্তরাগ্নি একদিনেই সেই তরঙ্গ তুলিয়াছিল। এখন আমার ঠিক স্মরণ হয় না, কিন্তু বোধ হয় যেন দেখিয়াছিলাম, সকল তরঙ্গগুলি পূর্ব্ব দিক হইতে উঠিয়াছিল, কোন কোনটি পূর্ব্ব দিক্ হইতে উঠিয়া পশ্চিম দিকে নামে নাই। এইরূপ অর্দ্ধপাহাড় লাতেহারগ্রামপার্শ্বে একটি আছে, আমি প্রায় নিত্য তথায় গিয়া বসিয়া থাকিতাম। এই পাহাড়ের পশ্চিমভাগে মৃত্তিকা নাই, সুতরাং তাহার অন্তরস্থ সকল স্তর দেখা যায়; এক স্তরে নুড়ি, আর এক স্তরে কাল পাথর, ইত্যাদি। কিন্তু কোন স্তরই সমসূত্র নহে, প্রত্যেকটি কোথাও উঠিয়াছে, কোথাও নামিয়াছে। আমি তাহা পূর্ব্বে লক্ষ্য করি নাই, লক্ষ্য করিবার কারণ পরে ঘটিয়াছিল। এক দিন অপরাহ্নে এই পাহাড়ের মূলে দাঁড়াইয়া আছি, এমত সময় আমার একটা নেমকহারাম ফরাসিস কুক্কুর (poodle) আপন ইচ্ছামতো তাঁবুতে চলিয়া গেল, আমি রাগত হইয়া চীৎকার করিয়া তাহাকে ডাকিলাম। আমার পশ্চাতে সেই চীৎকার অত্যাশ্চর্য্যরূপে প্রতিধ্বনিত হইল। পশ্চাৎ ফিরিয়া পাহাড়ের প্রতি চাহিয়া আবার চীৎকার করিলাম, প্রতিধ্বনি আবার

পূর্ব্বমত হ্রস্ব দীর্ঘ হইতে হইতে পাহাড়ের অপর প্রান্তে চলিয়া গেল। আবার চীৎকার করিলাম, শব্দ পূর্ব্ববৎ পাহাড়ের গায়ে লাগিয়া উচ্চ নীচ হইতে লাগিল। এইবার বুঝিলাম, শব্দ কোন একটি বিশেষ স্তর অবলম্বন করিয়া যায়; সেই স্তর যেখানে উঠিয়াছে বা নামিয়াছে, শব্দও সেইখানে উঠিতে নামিতে থাকে। কিন্তু শব্দ দীর্ঘকাল কেন স্থায়ী হয়, যত দূর পর্য্যন্ত সেই স্তরটি আছে, ততদূর পর্য্যন্ত কেন যায়, তাহা কিছুই বুঝিতে পারিলাম না; ঠিক যেন সেই স্তরটি শব্দ কন্‌ডক্‌টার (conductor); যে পর্য্যন্ত ননকন্‌ডক্টরের সঙ্গে সংস্পর্শ না হয়, সে পর্য্যন্ত শব্দ ছুটিতে থাকে।

আর একটি পাহাড় দেখিয়া চমৎকৃত হইয়াছিলাম। সেটি একশিলা, সমুদয়ে একখানি প্রস্তর। তাহাতে একেবারে কোথাও কণামাত্র মৃত্তিকা নাই, সমুদয় পরিষ্কার ঝর্‌ঝর্‌ করিতেছে। তাহার এক স্থান অনেক দূর পর্য্যন্ত ফাটিয়া গিয়াছে, সেই ফাটার উপর বৃহৎ এক অশ্বত্থগাছ জন্মিয়াছে। তখন মনে হইয়াছিল, অশ্বত্থবৃক্ষ বড় রসিক, এই নীরস পাষাণ হইতেও রস গ্রহণ করিতেছে। কিছু কাল পরে আর একদিন এই অশ্বত্থগাছ আমার মনে পড়িয়াছিল, তখন ভাবিয়াছিলাম বৃক্ষটি বড় শোষক, ইহার নিকট নীরস পাষাণেরও নিস্তার নাই। এখন বোধহয় অশ্বত্থগাছটি আপন অবস্থানুরূপ কার্য্য করিতেছে; সকল বৃক্ষই যে বাঙ্গালার রসপূর্ণ কোমল ভূমিতে জন্মগ্রহণ করিয়া বিনা কষ্টে কাল যাপন করিবে, এমত সম্ভব নহে। যাহার ভাগ্যে কঠিন পাষাণ, পাষাণই তাহার অবলম্বন। এখন আমি অশ্বত্থটির প্রশংসা করি।

এক্ষণে সে সকল কথা যাউক, প্রথম দিনের কথা দুই একটি বলি। অপরাহ্নে পালামৌয়ে প্রবেশ করিয়া উভয়পার্শ্বস্থ পর্ব্বতশ্রেণী দেখিতে দেখিতে বনমধ্য দিয়া যাইতে লাগিলাম। বাঁধা পথ নাই, কেবল এক সংকীর্ণ গো-পথ দিয়া আমার পাল্কী চলিতে লাগিল, অনেক স্থলে উভয়প্বার্শস্থ লতা পল্লব পাল্কী

স্পর্শ করিতে লাগিল। বনবর্ণনায় যেরূপ "শাল তাল তমাল, হিন্তাল" শুনিয়াছিলাম, সেরূপ কিছুই দেখিতে পাইলাম না। তাল, হিন্তাল একেবারেই নাই; কেবল শালবন, অন্য বন্য গাছও আছে। শালের মধ্যে প্রকাণ্ড গাছ একটিও নাই, সকলগুলিই আমাদের দেশীয় কদম্ববৃক্ষের মতো, না হয় কিছু বড়; কিন্তু তাহা হইলেও জঙ্গল অতি দুর্গম, কোথাও তাহার ছেদ নাই, এই জন্য ভয়ানক। মধ্যে মধ্যে যে ছেদ আছে, তাহা অতি সামান্য। এইরূপ বন দিয়া যাইতে যাইতে এক স্থানে হঠাৎ কাষ্ঠঘন্টার বিষণ্ণকর শব্দ কর্ণগোচর হইল, কাষ্ঠঘন্টা পূর্ব্বে মেদিনীপুর অঞ্চলে দেখিয়াছিলাম। গৃহপালিত পশু বনে পথ হারাইলে, শব্দানুসরণ করিয়া তাহাদের অনুসন্ধান করিতে হয়; এইজন্য গলঘন্টার উৎপত্তি। কাষ্ঠঘন্টার শব্দ শুনিলে প্রাণের ভিতর কেমন করে। পাহাড় জঙ্গলের মধ্যে সে শব্দে আরও যেন অবসন্ন করে; কিন্তু সকলকে করে কি না তাহা বলিতে পারি না।

পরে দেখিলাম, একটি মহিষ সভয়ে মুখ তুলিয়া আমার পাল্কীর প্রতি একদৃষ্টিতে চাহিয়া আছে, তাহার গলায় কাষ্ঠঘন্টা ঝুলিতেছে। আমি ভাবিলাম, পালিত মহিষ যখন নিকটে, তখন গ্রাম আর দূরে নহে। অল্প বিলম্বেই অর্ধশুষ্ক তৃণাবৃত একটি ক্ষুদ্র প্রান্তর দেখা গেল, এখানে সেখানে দুই একটি মধু বা মৌয়াবৃক্ষ ভিন্ন সে প্রান্তরে গুল্ম কি লতা কিছুই নাই, সর্ব্বত্র অতি পরিষ্কার। পর্ব্বতছায়ায় সে প্রান্তর আরও রম্য হইয়াছে; তথায় কতকগুলি কোলবালক একত্র মহিষ চরাইতেছিল, সেরূপ কৃষ্ণবর্ণ কান্তি আর কখন দেখি নাই; সকলের গলায় পুতির সাতনরী, ধুক্‌ধুকীর পরিবর্ত্তে এক একখানি গোল আরসী; পরিধানে ধড়া, কর্ণে বনফুল; কেহ মহিষপৃষ্ঠে শয়ন করিয়া আছে, কেহ বা মহিষপৃষ্ঠে বসিয়া আছে, কেহ কেহ নৃত্য করিতেছে। সকলগুলিই যেন কৃষ্ণঠাকুর বলিয়া বোধ হইতে লাগিল। যেরূপ স্থান, তাহাতে এই পাথুরে ছেলেগুলি উপযোগী বলিয়া বিশেষ সুন্দর দেখাইতেছিল; চারিদিকে কাল

পাথর, পশুও পাথুরে; তাহাদের রাখালও সেইরূপ। এই স্থলে বলা আবশ্যক এ অঞ্চলে মহিষ ভিন্ন গোরু নাই। আর বালকগুলি কোলের সন্তান।

এই অঞ্চলে প্রধানতঃ কোলের বাস। কোলেরা বন্য জাতি, খর্ব্বাকৃতি, কৃষ্ণবর্ণ; দেখিতে কুৎসিত কি রূপবান্, তাহা আমি মীমাংসা করিতে পারি না! যে সকল কোল কলিকাতা আইসে বা চা-বাগানে যায়, তাহাদের মধ্যে আমি কাহাকেও রূপবান্ দেখি নাই; বরং অতি কুৎসিত বলিয়া বোধ করিয়াছি। কিন্তু স্বদেশে কোল মাত্রেই রূপবান্, অন্তত আমার চক্ষে। বন্যেরা বনে সুন্দর; শিশুরা মাতৃক্রোড়ে।

প্রান্তরের পর এক ক্ষুদ্র গ্রাম, তাহার নাম স্মরণ নাই; তথায় ত্রিশ বত্রিশটি গৃহস্থ বাস করে। সকলেরই পর্ণকুটির। আমার পাল্কী দেখিতে যাবতীয় স্ত্রীলোক ছুটিয়া আসিল। সকলেই আবলুসের মতো কাল, সকলেই যুবতী, সকলেরই কটিদেশে একখানি করিয়া ক্ষুদ্র কাপড় জড়ান; সকলেরই কক্ষ, বক্ষ আবরণশূন্য। সেই নিরাবৃত বক্ষে পুতির সাতনরী, তাহাতে ক্ষুদ্র ক্ষুদ্র আরসী ঝুলিতেছে, কর্ণে ক্ষুদ্র ক্ষুদ্র বনফুল, মাথায় বড় বড় বনফুল। যুবতীরা পরস্পর কাঁধ ধরাধরি করিয়া দেখিতে লাগিল, কিন্তু দেখিল কেবল পাল্কী আর বেহারা। পাল্কীর ভিতরে কে বা কি, তাহা কেহই দেখিল না। আমাদের বাঙ্গালায়ও দেখিয়াছি, পল্লিগ্রামে বালক বালিকারা প্রায় পাল্কী আর বেহারা দেখিয়া ক্ষান্ত হয়। তবে যদি সঙ্গে বাদ্য থাকে, তাহা হইলে "বর-কনে" দেখিবার নিমিত্ত পাল্কীর ভিতর দৃষ্টিপাত করে। যিনি পাল্কী চড়েন, সুতরাং তিনি দুর্ভাগ্য, কিন্তু গ্রাম্য বালক বালিকারাও অতি নিষ্ঠুর, অতি নির্দ্দয়।

তাহার পর আবার কতকদূর গিয়া দেখিলাম, পথশ্রান্তা যুবতীরা মদের ভাঁটিতে বসিয়া মদ্য পান করিতেছে। গ্রামমধ্যে যে যুবতীদের দেখিয়া

আসিয়াছি, ইহারাও আকারে অলঙ্কারে অবিকল সেইরূপ, যেন তাহারাই আসিয়া বসিয়াছে। যুবতীরা উভয় জানুদ্বারা ভূমি স্পর্শ করিয়া দুই হস্তে শালপত্রের পাত্র ধরিয়া মদ্য পান করিতেছে, আর ঈষৎ হাস্যবদনে সঙ্গীদের দেখিতেছে। জানু স্পর্শ করিয়া উপবেশন করা কোলজাতির স্ত্রীলোকদিগের রীতি; বোধ হয় যেন সাঁওতালদিগেরও এই রীতি দেখিয়াছি। বনের মধ্যে যেখানে সেখানে মদের ভাঁটি দেখিলাম, কিন্তু বাঙ্গালায় ভাঁটিখানায় যেরূপ মাতাল দেখা যায়, পালামৌ পরগণায় কোন ভাঁটিখানায় তাহা দেখিলাম না। আমি পরে তাহাদের আহার ব্যবহার সকলই দেখিতাম, কিছুই তাহারা আমার নিকট গোপন করিত না, কিন্তু কখন স্ত্রীলোকদের মাতাল হইতে দেখি নাই, অথচ তাহারা পানকুণ্ঠ নহে। তাহাদের মদের মাদকতা নাই, এ কথাও বলিতে পারি না। সেই মদ পুরুষেরা খাইয়া সর্ব্বদা মাতাল হইয়া থাকে।

পূর্ব্বে কয়েক বার কেবল যুবতীর কথাই বলিয়াছি, ইচ্ছাপূর্ব্বক বলিয়াছি এমন নহে। বাঙ্গালার পথে, ঘাটে, বৃদ্ধাই অধিক দেখা যায়, কিন্তু পালামৌ অঞ্চলে যুবতীই অধিক দেখা যায়। কোলের মধ্যে বৃদ্ধা অতি অল্প, তাহারা অধিকবয়ঃ হইলেও যুবতীই থাকে, অশীতিপরায়ণা না হইলে তাহারা লোলচর্ম্মা হয় না। অতিশয় পরিশ্রমী বলিয়া গৃহকার্য্য কৃষিকার্য্য সকল কার্য্যই তাহারা করে, পুরুষেরা স্ত্রীলোকের ন্যায় কেবল বসিয়া সন্তান রক্ষা করে, কখন কখন চাটাই বুনে। আলস্য জন্য পুরুষেরা বঙ্গমহিলাদের ন্যায় শীঘ্র বৃদ্ধ হইয়া যায়; স্ত্রীলোকেরা শ্রমহেতু চিরযৌবনা থাকে।

লোকে বলে পশুপক্ষীর মধ্যে পুরুষজাতিই বলিষ্ঠ ও সুন্দর; মনুষ্যমধ্যেও সেই নিয়ম। কিন্তু কোলদের দেখিলে তাহা বোধ হয় না, তাহাদের স্ত্রীজাতিরাই বলিষ্ঠা ও আশ্চর্য্য কান্তিবিশিষ্টা। কিন্তু তাহাদের বয়ঃপ্রাপ্ত পুরুষদের গায়ে খড়ি উঠিতেছে, চক্ষে মাছি উড়িতেছে, মুখে হাসি নাই, যেন

সকলেরই জীবনীশক্তি কমিয়া আসিয়াছে। আমার বোধ হয় কোলজাতির ক্ষয় ধরিয়াছে। ব্যক্তিবিশেষের জীবনীশক্তি যেরূপ কমিয়া যায়, জাতিবিশেষেরও জীবনীশক্তি সেইরূপ ক্ষয়প্রাপ্ত হয়, ক্রমে ক্রমে লোপ পায়। মনুষ্যের মৃত্যু আছে, জাতিরও লোপ আছে।

এই পরগণায় পর্ব্বতে স্থানে স্থানে অসুরেরা বাস করে, আমি তাহাদের দেখি নাই, তাহারা কোলদের সহিত বা অন্য কোন বন্য জাতির সহিত বাস করে না। শুনিয়াছি, অন্যজাতীয় মনুষ্য দেখিলে তাহারা পলায়; পর্ব্বতের অতি নিভৃত স্থানে থাকে বলিয়া তাহাদের অনুসন্ধান করা কঠিন। তাহাদের সংখ্যা নিতান্ত অল্প হইয়া পড়িয়াছে। পূর্ব্বকালে যখন আর্য্যেরা প্রথমে ভারতবর্ষে আসেন, তখন অসুরগণ অতি প্রবল ও তাহাদের সংখ্যা অসীম ছিল। অসুরেরা আসিয়া আর্য্যগণের গোরু কাড়িয়া লইয়া যাইত, ঘৃত খাইয়া পলাইত, আর্য্যেরা নিরুপায় হইয়া কেবল ইন্দ্রকে ডাকিতেন, কখন কখন দলবল জুটাইয়া লাঠালাঠিও করিতেন। শেষে বহু কাল পরে যখন আর্য্যগণ উন্নত ও শক্তিসম্পন্ন হইলেন, তখন অসুরগণকে তাড়াইয়াছিলেন। পরাজিত অসুরগণ ভাল ভাল স্থান আর্য্যদের ছাড়িয়া দিয়া আপনারা দুর্গম পাহাড় পর্ব্বতে গিয়া বাস স্থাপন করে। অদ্যাবধি সেই পাহাড়পর্ব্বতে তাহারা আছে, কিন্তু আর তাহাদের বল বীর্য্য নাই; আর সে অসীম সংখ্যাও তাহাদের নাই। এক্ষণে যেরূপ অবস্থা, তাহাতে অসুরকুল ধ্বংস হইয়াছে বলিলেও অন্যায় হয় না; যে দশ পাঁচ জন এখানে সেখানে বাস করে, আর কিছু দিনের পর তাহারাও থাকিবে না।

জাতিলোপ মধ্যে মধ্যে হইয়া থাকে; অনেক আদিম জাতির লোপ হইয়া গিয়াছে, অদ্যাপি হইতেছে। জাতিলোপের হেতু দর্শনবিদ্গণের মধ্যে কেহ কেহ বলেন যে, পরাজিত জাতিরা বিজয়ী কর্ত্তৃক বিতাড়িত হইয়া অতি অযোগ্য স্থানে গিয়া বাস করিলে, পূর্ব্বস্থানে যে সকল সুবিধা ছিল, তাহার অভাবে ক্রমে

তাহারা অবনত ও অবসন্ন হইয়া পড়ে। এ কথা অনেক স্থলে সত্য সন্দেহ নাই; অসুরগণের পক্ষে তাহাই খাটিয়াছিল বোধহয়। কিন্তু সাঁওতালেরাও এক সময় আর্য্যগণ কর্ত্তৃক বিতাড়িত হইয়া দামিনীকোতে পলায়ন করিয়াছিল। সেই অবধি অনেক কাল তথায় বাস করে, অদ্যপিও তথায় খাস সাঁওতালেরা বাস করিতেছে, পূর্ব্বাপেক্ষা তাহাদের যে কুলক্ষয় হইয়াছে, এমত শুনা যায় না।

মারকিন ও অন্যান্য দেশে যেখানে সাহেবেরা গিয়া রাজ্য স্থাপন করিয়াছেন, সেখানকার আদিমবাসীরা ক্রমে ক্রমে লোপ পাইতেছে, তাহার কারণ কিছুই অনুভব হয় না। রেড ইণ্ডিয়ান, নাটিক ইণ্ডিয়ান, নিউ জিলাণ্ডার, তাস্মানীয় প্রভৃতি কত জাতি লোপ পাইতেছে। মৌরিনামক আদিম জাতি বলিষ্ঠ, বুদ্ধিমান্, কর্ম্মঠ বলিয়া পরিচিত, তাহারাও সাহেবদের অধিকারে ক্রমে লোপ পাইতেছে। ১৮৪৮ সালে তাহাদের সংখ্যা এক লক্ষ ছিল, বিশ বৎসর পরে ৩৮ হাজার হইয়া গিয়াছিল, এক্ষণে সে জাতির অবস্থা কি, তাহা জানি না। বোধ হয় এতদিনে লোপ পাইয়া থাকিবে, অথবা যদি এত দিন থাকে, তবে অতি সামান্য অবস্থায় আছে। মৌরি দুর্ব্বল নহে, তৎসম্বন্ধে একজন সাহেব লিখিয়াছেন: "He is the noblest of savages, not equalled by the best of Red Indians." তথাপি এ জাতি লোপ পায় কেন? তুমি বলিবে সাহেবদের অত্যাচারে? তাহা কদাচ নহে, ক্যানেডার অধিবাসী সম্বন্ধে সাহেবরা কতই যত্ন করিয়াছিলেন, কিছুতেই তাহাদের কুলক্ষয় রক্ষা করিতে পারেন নাই। ডাক্তার গিকি লিখিয়াছেন যে, "In Canada for the last fifty years the Indians have been treated with paternal kindness but the wasting never stops * * * * The Government has built them houses, furnished them with ploughs, supplied them constantly with rifles, ammunition, and clothes, paid their medical attendants * * * but the result is merely this that their extinction goes on more slowly than it otherwise would." সমাজোপযোগী ভাল স্থান ত্যাগ করিয়া

বিপরীত স্থানে ত এই জাতিদের যাইতে হয় নাই, তবে তাহাদের কুললোপ হইল কেন?

কেহ কেহ বলেন যে, সাহেবদের সংস্পর্শে দোষ আছে। প্রধান জাতির সংস্পর্শে আসিলে সামান্য জাতিরা কতকটা উদ্যমভঙ্গ ও অবসন্ন হইয়া পড়ে। এ কথার প্রত্যুত্তরে এক জন সাহেব লিখিয়াছেন যে, ভারতবর্ষে কতই সামান্য জাতি বাস করে, কিন্তু শ্বেতকায় জাতির সংস্পর্শে তাহাদের ত কুলবৃদ্ধির ব্যাঘাত হয় না।

আমরা এ কথা সম্বন্ধে এইমাত্র বলিতে পারি যে, ভারতবর্ষে আদিম জাতিদের কুলক্ষয় অনেক দিন আরম্ভ হইয়াছে, কিন্তু ইংরেজদের সমাগমের পর কোন জাতির ক্ষয় ধরিয়াছে, এমত নিশ্চয় বলিতে পারি না। তবে কোলদের সম্বন্ধে কিছু সন্দেহ করা যাইতে পারে, তাহার কারণ, আর এক সময় সমালোচনা করা যাইবে। এক্ষণে এ সকল কথা যাউক, অনেকের নিকট ইহা শিবের গীত বোধ হইবে। কিন্তু এ বয়সে যখন যাহা মনে হয়, তখনই তাহা বলিতে ইচ্ছা যায়; লোকের ভাল লাগিবে না, এ কথা মনে তখন থাকে না। যাহাই হউক, আগামী বারে সতর্ক হইব। কিন্তু যে কথার আলোচনা আরম্ভ করা গিয়াছিল, তাহা শেষ হয় নাই। ইচ্ছা ছিল, এই উপলক্ষে বাঙ্গালীর কথা কিছু বলি। কিন্তু চারি দিকে বাঙ্গালীর উন্নতি লইয়া বাহবা পড়িয়া গিয়াছে; বাঙ্গালী ইংরেজী শিখিতেছে, উপাধি পাইতেছে, বিলাত যাইতেছে, বাঙ্গালী সভ্যতার সোপানে উঠিতেছে, বাঙ্গালীর আর ভাবনা কী? এ সকল তো বাহ্যিক ব্যাপার। বঙ্গসমাজের আভ্যন্তরীণ ব্যাপার কি একবার অনুসন্ধান করিলে ভাল হয় না? শুনিতেছি, গণনায় বঙ্গবাসীদের সংখ্যা বাড়িতেছে। বড়ই ভাল!

তৃতীয় প্রবন্ধ

পূর্ব্বে একবার "লাতেহার"নামক পাহাড়ের উল্লেখ করিয়াছিলাম। সেই পাহাড়ের কথা আবার লিখিতে বসিয়াছি বলিয়া আমার আহ্লাদ হইতেছে। পুরাতন কথা বলিতে বড় সুখ, আবার বিশেষ সুখ এই যে, আমি শ্রোতা পাইয়াছি। তিন চারিটি নিরীহ ভদ্রলোক, বোধ হয় তাঁহাদের বয়স হইয়া আসিতেছে, পুরাতন কথা বলিতে শীঘ্র আরম্ভ করিবেন এমন উমেদ রাখেন, বঙ্গদর্শনে আমার লিখিত পালামৌ-পর্য্যটন পড়িয়াছেন; আবার ভাল বলিয়াছেন। প্রশংসা অতিরিক্ত; তুমি প্রশংসা কর আর না কর, বৃদ্ধ বসিয়া তোমায় পুরাতন কথা শুনাবে; তুমি শুন বা না শুন সে তোমায় শুনাবে, পুরাতন কথা এইরূপে থেকে যায়, সমাজের পুঁজি বাড়ে। আমার গল্পে কাহার পুঁজি বাড়িবে না, কেন না আমার নিজের পুঁজি নাই। তথাপি গল্প করি, তোমরা শুনিয়া আমায় চিরবাধিত কর।

নিত্য অপরাহ্লে আমি লাতেহার পাহাড়ের ক্রোড়ে গিয়া বসিতাম, তাঁবুতে শত কার্য্য থাকিলেও আমি তাহা ফেলিয়া যাইতাম; চারিটা বাজিলে আমি অস্থির হইতাম; কেন তাহা কখনও ভাবিতাম না; পাহাড়ে কিছুই নূতন নাই, কাহার সহিত সাক্ষাৎ হইবে না, কোন গল্প হইবে না, তথাপি কেন আমায় সেখানে যাইতে হইত জানি না। এখন দেখি এ বেগ আমার একার নহে। যে সময়ে উঠানে ছায়া পড়ে, নিত্য সে সময় কুলবধূর মন মাতিয়া উঠে, জল আনিতে যাইবে; জল আছে বলিলেও তাহারা জল ফেলিয়া জল আনিতে যাইবে; জলে যে যাইতে পাইল না, সে অভাগিনী। সে গৃহে বসিয়া দেখে উঠানে ছায়া পড়িতেছে, আকাশে ছায়া পড়িতেছে, পৃথিবীর রং ফিরিতেছে, বাহির হইয়া সে তাহা দেখিতে পাইল না, তাহার কত দুঃখ। বোধ হয়, আমিও পৃথিবীর রং

ফেরা দেখিতে যাইতাম। কিন্তু আর একটু আছে, সেই নির্জ্জন স্থানে মনকে একা পাইতাম, বালকের ন্যায় মনের সহিত ক্রীড়া করিতাম।

এই পাহাড়ের ক্রোড় অতি নির্জ্জন, কোথাও ছোট জঙ্গল নাই, সর্ব্বত্র ঘাস। অতি পরিষ্কার, তাহাও বাতাস আসিয়া নিত্য ঝাড়িয়া দেয়। মৌয়া গাছ তথায় বিস্তর। কতকগুলি একত্রে গলাগলি করে বাস করে, আর কতকগুলি বিধবার ন্যায় এখানে সেখানে একাকী থাকে। তাহারই মধ্যে একটিকে আমি বড় ভাল বাসিতাম, তাহার নাম "কুমারী" রাখিয়াছিলাম। কখন তাহার ফল কি ফুল হয় নাই; কিন্তু তাহার ছায়া বড় শীতল ছিল। আমি সেই ছায়ায় বসিয়া "দুনিয়া" দেখিতাম। এই উচ্চ স্থানে বসিলে পাঁচ সাত ক্রোশ পর্য্যন্ত দেখা যাইত। দূরে চারি দিকে পাহাড়ের পরিখা, যেন সেইখানে পৃথিবীর শেষ হইয়া গিয়াছে। সেই পরিখার নিম্নে গাঢ় ছায়া, অল্প অন্ধকার বলিলেও বলা যায়। তাহার পর জঙ্গল। জঙ্গল নামিয়া ক্রমে স্পষ্ট হইয়াছে। জঙ্গলের মধ্যে দুই একটি গ্রাম হইতে ধীরে ধীরে ধূম উঠিতেছে, কোন গ্রাম হইতে হয়ত বিষণ্ণ ভাবে মাদল বাজিতেছে, তাহার পরে আমার তাঁবু, যেন একটি শ্বেত কপোতী জঙ্গলের মধ্যে একাকী বসিয়া কী ভাবিতেছে। আমি অন্যমনস্কে এই সকল দেখিতাম; আর ভাবিতাম এই আমার "দুনিয়া।"

একদিন এই স্থানে সুখে বসিয়া চারি দিক্ দেখিতেছি, হঠাৎ একটি লতার প্রতি দৃষ্টি পড়িল; তাহার একটি ডালে অনেক দিনের পর চারি পাঁচটি ফুল ফুটিয়াছিল। লতা আহ্লাদে তাহা গোপন করিতে পারে নাই, যেন কাহারে দেখাইবার জন্য ডালটি বাড়াইয়া দিয়াছিল; একটি কালোকালো বড় গোচের ভ্রমর তাহার চারি দিকে ঘুরিয়া বেড়াইতেছিল; আর এক একবার সেই লতায় বসিতেছিল। লতা তাহাকে নারাজ, ভ্রমর বসিলেই অস্থির হইয়া মাথা নাড়িয়া

উঠে। লতাকে এইরূপ সচেতনের ন্যায় রঙ্গ করিতে দেখিয়া আমি হাসিতেছিলাম, এমত সময়ে আমার পশ্চাতে উচ্চারিত হইল:

"রাধে মন্যুং পরিহর হরিঃ পাদমূলে তবায়ং।"

আমি পশ্চাৎ ফিরিলাম, দেখিলাম কেহই নাই, চারি দিক্ চাহিলাম, কোথায়ও কেহ নাই। আমি আশ্চর্য্য হইয়া ভাবিতেছি, এমত সময়ে আবার আর এক দিকে শব্দিত হইল,

"রাধে মন্যুং" ইত্যাদি।

আমার শরীর রোমাঞ্চ হইল, আমি সেই দিকে কতক সভয়ে, কতক কৌতূহলপরবশে গেলাম। সে দিকে গিয়া আর কিছুই শুনিতে পাইলাম না। কিয়ৎ পরেই "কুমারীর" ডাল হইতে সেই শ্লোক আবার উচ্চারিত হইল, কিন্তু তখন শ্লোকের স্পষ্টতা আর পূর্ব্বমত বোধ হইল না, কেবল সুর আর ছন্দ শুনা গেল। "কুমারীর" মূলে আসিয়া দেখি, হরিয়াল ঘুঘুর ন্যায় একটি পক্ষী আর একটির নিকট মাথা নাড়িয়া এই ছন্দে আস্ফালন করিতে করিতে অগ্রসর হইতেছে, পক্ষিণী তাহাকে ডানা মারিয়া সরিয়া যাইতেছে, কখন কখন অন্য ডালে গিয়া বসিতেছে। এবার আমার ভ্রান্তি দূর হইল, আমি মন্দাক্রান্তাচ্ছন্দের একটিমাত্র শ্লোক জানিতাম; ছন্দটি উচ্চারণ মাত্রেই শ্লোকটি আমার মনে আসিয়াছিল, সঙ্গে সঙ্গে কর্ণেও তাহার কার্য্য হইয়াছিল; আমি তাহাই শুনিয়াছিলাম "রাধে মন্যুং।" কিন্তু পক্ষী বর্ণ উচ্চারণ করে নাই, কেবল ছন্দ উচ্চারণ করিয়াছিল। তাহা যাহাই হউক, আমি অবাক্ হইয়া পক্ষীর মুখে

সংস্কৃত ছন্দ শুনিতে লাগিলাম। প্রথমে মনে হইল, যিনি 'উদ্ধবদূত' লিখিয়াছেন, তিনি হয়ত এই জাতি পক্ষীর নিকট ছন্দদ পাইয়াছিলেন। শ্লোকটির সঙ্গে এই "কুঞ্জকীরানুবাদের" বড় সুসঙ্গতি হইয়াছে। শ্লোকটি এই—

রাধে মন্যুং পরিহর হরিঃ পাদমূলে তবায়ং।

জাতং দৈবাদসমৃশমিদং বারমেকং ক্ষমস্ব॥

এতানাকর্ণয়সি নয়বন্ কুঞ্জকীরানুবাদান।

এভিঃ ক্রুরৈর্ব্বয়মবিরতং বঞ্চিতাঃ বঞ্চিতাঃ স্মঃ॥

উদ্ধব মথুরা হইতে বৃন্দাবনে আসিয়া রাধার কুঞ্জে উপস্থিত হইলে গোপীগণ আপনাদের দুঃখের কথা তাঁহার নিকট বলিতেছেন, এমত সময়ে কুঞ্জের একটা পক্ষী বৃক্ষশাখা হইতে বলিয়া উঠিল, "রাধে আর রাগ করিও না। চেয়ে দেখ, স্বয়ং হরি তোমার পদতলে। দৈবাৎ যাহা হইয়া গিয়াছে, একবার তাহা ক্ষমা কর।" গোপীরা এত বার এই কথা রাধিকাকে বলিয়াছে যে, কুঞ্জ-পক্ষীরা তাহা শিখিয়াছিল। যাহা শিখিয়াছিল, অর্থ না বুঝিয়া পক্ষীরা তাহা সর্ব্বদাই বলিত। গোপীরা উদ্ধবকে বলিলেন, "শুন্‌লে—কুঞ্জের ঐ পাখী কী বলিল—শুন্‌লে? একে বিধাতা আমাদের বঞ্চনা করেছেন, আবার দেখ, পোড়া পক্ষীও কত দগ্ধাচ্ছে।"

পক্ষী আবার বলিল, "রাধে মন্যুং পরিহর হরিঃ পাদমূলে তবায়ং"। তাহাই বলিতেছিলাম বিহঙ্গচ্ছন্দে বিহঙ্গের উক্তি বড় সুন্দর হইয়াছিল।

ছন্দ কি গীত শিখাইলে অনেক পক্ষী তাহা শিখিতে পারে; কিন্তু ছন্দ যে কোন পক্ষীর স্বরে স্বাভাবিক আছে, তাহা আমি জানিতাম না। সুতরাং বন্য পক্ষীর মুখে ছন্দ শুনিয়া বড় চমৎকৃত হইয়াছিলাম। পক্ষীটির সঙ্গে কতই বেড়াইলাম, কত বার এই ছন্দ শনিলাম, শেষ সন্ধ্যা হইলে তাঁবুতে ফিরিয়া আসিলাম। পথে আসিতে আসিতে মনে হইল, যদি এখানে কেহ ডারউইন সাহেবের ছাত্র থাকিতেন, তিনি ভাবিতেন নিশ্চয়ই এ পক্ষীটি রাধাকুঞ্জের শিক্ষিত পক্ষীর বংশ, বৈজিক কারণে পূর্ব্বপুরুষের অভ্যস্ত শ্লোক ইহার কণ্ঠে আপনি আসিয়াছে। বৈষ্ণবদের উচিত, এ বংশকে আপন আপন কুঞ্জে স্থান দেন। রাধাকুঞ্জের সকল গিয়াছে, সকল ফুরাইয়াছে, কেবল এই বংশ আছে। আমার ইচ্ছা আছে, একটি হরিয়াল পালন করি, দেখি সে “রাধে মন্যুং পরিহর” বলে কি না বলে।

আর এক দিনের কথা বলি; তাহা হইলেই লাতেহার পাহাড়ের কথা আমার শেষ হয়। যেরূপ নিত্য অপরাহ্নে এই পাহাড়ে যাইতাম, সেইরূপ আর এক দিন যাইতেছিলাম, পথে দেখি একটি যুবা বীরদর্পে পাহাড়ের দিকে যাইতেছে, পশ্চাতে কতকগুলি স্ত্রীলোক তাহাকে সাধিতে সাধিতে সঙ্গে যাইতেছে। আমি ভাবিলাম, যখন স্ত্রীলোক সাধিতেছে, তখন যুবার রাগ নিশ্চয় ভাতের উপর হইয়াছে; আমি বাঙ্গালী, সুতরাং এ ভিন্ন আর কি অনুভব করিব? এক কালে এরূপ রাগ নিজেও কত বার করিয়াছি, তাহাই অন্যের বীরদর্প বুঝিতে পারি।

যখন আমি নিকটবর্ত্তী হইলাম, তখন স্ত্রীলোকেরা নিরস্ত হইয়া এক পার্শ্বে দাঁড়াইল। বৃত্তান্ত জিজ্ঞাসা করায় যুবা সদর্পে বলিল, “আমি বাঘ মারিতে যাইতেছি, এইমাত্র আমার গোরুকে বাঘে মারিয়াছে। আমি ব্রাহ্মণ-সন্তান; সে বাঘ না মারিয়া কোন্ মুখে আর জল গ্রহণ করিব?” আমি কিঞ্চিৎ অপ্রতিভ হইয়া বলিলাম “চল, আমি তোমার সঙ্গে যাইতেছি।” আমার অদৃষ্টদোষে বগলে

বন্দুক, পায়ে বুট, পরিধানে কোট পেন্টুলন, বাস তাঁবুতে; সুতরাং এ কথা না বলিলে ভাল দেখায় না, বিশেষতঃ অনেকে আমায় সাহেব বলিয়া জানে, অতএব সাহেবি ধরণে চলিলাম, কিন্তু নিঃসঙ্কোচচিত্তে। আমি স্বভাবতঃ বড় ভীত, তাহা বলিয়া ব্যাঘ্র ভুল্লুক সম্বন্ধে আমার কখন ভয় হয় নাই। বৃদ্ধ শিকারীরা কত দিন পাহাড়ে একাকী যাইতে আমায় নিষেধ করিয়াছে, কিন্তু আমি তাহা কখনও গ্রাহ্য করি নাই, নিত্য একাকী যাইতাম; বাঘ আসিবে, আমায় ধরিবে, আমায় খাইবে, এ সকল কথা কখনও আমার মনে আসিত না। কেন আসিত না, তাহা আমি এখনও বুঝিতে পারি না। সৈনিক পুরুষদের মধ্যে অনেকে আপনার ছায়া দেখিয়া ভয় পায়, অথচ অম্লান বদনে রণ-ক্ষেত্রে গিয়া রণ করে। গুলি কি তরবার তাহার অঙ্গে প্রবিষ্ট হইবে, এ-কথা তাহাদের মনে আইসে না। যত দিন তাহাদের মনে এ কথা না আইসে, তত দিন লোকের নিকট তাহারা সাহসী; যে বিপদ্ না বুঝে, সেই সাহসিক। আদিম অবস্থায় সকল পুরুষই সাহসী ছিল, তাহাদের তখন ফলাফলজ্ঞান হয় নাই। জঙ্গলীদের মধ্যে অদ্যাপি দেখা যায়, সকলেই সাহসী, ইউরোপীয় সভ্যদের অপেক্ষাও অনেক অংশে সাহসী; হেতু ফলাফলবোধ নাই। আমি তাহাই আমার সাহসের বিশেষ গৌরব করি না। সভ্যতার সঙ্গে সঙ্গে সাহসের ভাগ কমিয়া আইসে; পেনাল কোড যত ভালো হয় সাহস তত অন্তর্হিত হয়। এখন এ সকল কচকচি যাক।

যুবার সঙ্গে কতক দূর গেলে সে আমায় বলিল, “বাঘটি আমি স্বহস্তে মারিব।” আমি হাসিয়া সম্মত হইলাম। যুবা আর কোন কথা না বলিয়া চলিল। তখন হইতে নিজের প্রতি আমার কিঞ্চিৎ ভাল বাসার সঞ্চার হইল। “হস্তে মারিব” এই কথায় বুঝাইয়াছিল, যে পরহস্তে বাঘ মারা সম্ভব; আমি সাহেববেশধারী, অবশ্য বাঘ মারিলে মারিতে পারি, যুবা এ কথা নিশ্চয় ভাবিয়াছিল, তাহাতেই কৃতার্থ হইয়াছিলাম। তাহার পর কতক দূর গিয়া

উভয়ে পাহাড়ে উঠিতে লাগিলাম। যুবা অগ্রে, আমি পশ্চাতে। যুবার স্কন্ধে টাঙ্গী, সে একবার তাহা স্কন্ধ হইতে নামাইয়া তীক্ষ্ণতা পরীক্ষা করিয়া দেখিল, তাহার পর কতক দূর গিয়া মৃদুস্বরে আমাকে বলিল, আপনি জুতা খুলুন, শব্দ হইতেছে। আমি জুতা খুলিয়া খালি পায় চলিতে লাগিলাম, আবার কতক দূর গিয়া বলিল, "আপনি এইখানে দাঁড়ান, আমি একবার অনুসন্ধান করিয়া আসি।" আমি দাঁড়াইয়া থাকিলাম, যুবা চলিয়া গেল। প্রায় দণ্ডেক পরে যুবা আসিয়া অতি প্রফুল্লবদনে বলিল, "হইয়াছে, সন্ধান পাইয়াছি, শীঘ্র আসুন, বাঘ নিদ্রা যাইতেছে।" আমি সঙ্গে গিয়া দেখি, পাহাড়ের একস্থানে প্রকাণ্ড দীর্ঘিকার ন্যায় একটি গর্ত্ত বা গুহা আছে, তাহার মধ্যস্থানে প্রস্তরনির্ম্মিত একটি কুটীর, চতুঃপার্শ্বস্থ স্থান তাহার প্রাঙ্গণস্বরূপ। যুবা সেই গর্ত্তের নিকটে এক স্থানে দাঁড়াইয়া অতি সাবধানে ব্যাঘ্র দেখাইল। প্রাঙ্গণের এক পার্শ্বে ব্যাঘ্র নিরীহ ভাল মানুষের ন্যায় চোখ বুজিয়া আছে, মুখের নিকট সুন্দর নখরসংযুক্ত একটি থাবা দর্পণের ন্যায় ধরিয়া নিদ্রা যাইতেছে। বোধ হয় নিদ্রার পূর্ব্বে থাবাটি একবার চাটিয়াছিল। যে দিকে ব্যাঘ্র নিদ্রিত ছিল, যুবা সেই দিকে চলিল। আমায় বলিল, "মাথা নত করিয়া আসুন, নতুবা প্রাঙ্গণে ছায়া পড়িবে।" তদনুসারে আমি নতশিরে চলিলাম; শেষ প্রাঙ্গণে একখানি বৃহৎ প্রস্তরে হাত দিয়া বলিল, "আসুন, এইখানি ঠেলিয়া তুলি।" উভয়ে প্রস্তরখানিকে স্থানচ্যুত করিলাম। তাহার পর যুবা একা তাহা ঠেলিয়া গর্ত্তের প্রান্তে নিঃশব্দে লইয়া গেল, একবার ব্যাঘ্রের প্রতি চাহিল, তাহার পর প্রস্তর ঘোর রবে প্রাঙ্গণে পড়িল। শব্দে কি আঘাতে তাহা ঠিক জানি না, ব্যাঘ্র উঠিয়া দাঁড়াইয়াছিল; তাহার পর পড়িয়া গেল। এ নিদ্রা আর ভাঙিল না। পর-দিবস বাহকস্কন্ধে ব্যাঘ্রটি আমার তাঁবু পর্য্যন্ত আসিয়াছিলেন; কিন্তু তখন তিনি মহানিদ্রাচ্ছন্ন বলিয়া বিশেষ কোন প্রকার আলাপ হইল না।

চতুর্থ প্রবন্ধ

আবার পালামৌর কথা লিখিতে বসিয়াছি; কিন্তু ভাবিতেছি এবার কী লিখি? লিখিবার বিষয় এখন ত কিছুই মনে হয় না, অথচ কিছু না কিছু লিখিতে হইতেছে। বাঘের পরিচয় ত আর ভাল লাগে না; পাহাড় জঙ্গলের কথাও হইয়া গিয়াছে, তবে আর লিখিবার আছে কী? পাহাড়, জঙ্গল, বাঘ, এই লইয়াই পালামৌ। যে সকল ব্যক্তিরা তথায় বাস করে, তাহারা জঙ্গলী, কুৎসিত, কদাকার জানওয়ার, তাহাদের পরিচয় লেখা বৃথা।

কিন্তু আবার মনে হয়, পালামৌ জঙ্গলে কিছুই সুন্দর নাই, এ কথা বলিলে লোকে আমায় কী বিবেচনা করিবে? সুতরাং পালামৌ সম্বন্ধে দুটা কথা বলা আবশ্যক।

এক দিন সন্ধ্যার পর চিকপর্দ্দা ফেলিয়া তাঁবুতে একা বসিয়া সাহেবী ঢঙ্গে কুক্কুরী লইয়া ক্রীড়া করিতেছি, এমত সময় এক জন কে আসিয়া বাহির হইতে আমাকে ডাকিল, "খাঁ সাহেব!" আমার সর্ব্বশরীর জ্বলিয়া উঠিল। এখন হাসি পায়, কিন্তু তখন বড়ই রাগ হইয়াছিল। রাগ হইবার অনেক কারণও ছিল; কারণ নং এক এই যে, আমি মান্য ব্যক্তি; আমাকে ডাকিবার সাধ্য কাহার? আমি যাঁহার অধীন, অথবা যিনি আমা অপেক্ষা অতি প্রধান, কিম্বা যিনি আমার বিশেষ আত্মীয়, কেবল তিনিই আমাকে ডাকিতে পারেন। অন্য লোকে "শুনুন" বলিলে সহ্য হয় না।

কারণ নং দুই যে, আমাকে "খাঁ সাহেব" বলিয়াছে, বরং "খাঁ বাহাদুর" বলিলে কতক সহ্য করিতে পারিতাম, ভাবিতাম, হয়তো লোকটা আমাকে মুছলমান বিবেচনা করিয়াছে, কিন্তু পদের অগৌরব করে নাই। "খাঁ সাহেব"

অর্থে যাহাই হউক, ব্যবহারে তাহা আমাদের "বোস মশায়" বা "দাস মশায়" অপেক্ষা অধিক মান্যের উপাধি নহে। হারম্যান কোম্পানি যাহার কাপড় সেলাই করে, ফরাসী দেশে যাহার জুতা সেলাই হয়, তাহাকে "বোস মহাশয়" বা "দাস মহাশয়" বলিলে সহ্য হইবে কেন? বাবু মহাশয় বলিলেও মন উঠে না। অতএব স্থির করিলাম, এ ব্যক্তি যেই হউক, আমাকে তুচ্ছ করিয়াছে, আমাকে অপমান করিয়াছে।

সেই মুহূর্ত্তে তাহাকে ইহার বিশেষ প্রতিফল পাইতে হইত, কিন্তু "হারামজাদ্" "বদ্‌জাত" প্রভৃতি সাহেবস্বভাবসুলভ গালি ব্যতীত আর তাহাকে কিছুই দিই নাই, এই আমার বাহাদুরি। বোধ হয়, সে রাত্রে বড় শীত পড়িয়াছিল, তাহাই তাঁবুর বাহিরে যাইতে সাহস করি নাই। আগন্তুক গালি খাইয়া আর কোন উত্তর করিল না; বোধ হয় চলিয়া গেল। আমি চিরকাল জানি, যে গালি খায়, সে হয় ভয়ে মিনতি করে, নতুবা গালি অকারণ দেওয়া হইয়াছে প্রতিপন্ন করিবার নিমিত্ত তর্ক করে; তাহা কিছুই না করায়, আমি ভাবিলাম, এ ব্যক্তি চমৎকার লোক। সেও হয়তো আমাকে ভাবিল, "চমৎকার লোক"। নাম জানে না, পদ জানে না, কী বলিয়া ডাকিবে তাহা জানে না; সুতরাং দেশীয় প্রথা অনুসারে সম্ভ্রম করিয়া 'খাঁ সাহেব' ডাকিয়াছে, তাহার উত্তরে যে 'হারামজাদ' বলিয়া গালি দেয়, তাহাকে "চমৎকার লোক" ব্যতীত আর কী মনে করিবে?

দণ্ডেক পরে আমার "খানশামা বাবু" তাঁবুর দ্বারে আসিয়া ঈষৎ কন্ঠকণ্ডুয়নশব্দ দ্বারা আপনার আগমনবার্ত্তা জানাইল। আমার তখনও রাগ আছে, "খানশামা বাবু"ও তাহা জানিত, এইজন্য কলিকা-হস্তে তাঁবুতে প্রবেশ করিল, কিন্তু অগ্রসর হইল না, দ্বারের নিকট দাঁড়াইয়া অতি গম্ভীরভাবে কলিকায় ফুঁ দিতে লাগিল। আমি তাহার মুখের প্রতি চাহিয়া ভাবিতেছি, কতক্ষণে কলিকা আলবোলায় বসাইয়া দিবে, এমন সময়ে দ্বারের পার্শ্বে কী

নড়িল, চাহিয়া দেখিলাম সে দিকে কিছুই নাই, কেবল নীল আকাশে নক্ষত্র জ্বলিতেছে; তাহার পরেই দেখি দুইটি অস্পষ্ট মনুষ্যমূর্তি দাঁড়াইয়া আছে। টেবিলের বাতি সরাইলাম, আলোক তাহাদের অঙ্গে পড়িল। দেখিলাম, একটি বৃদ্ধ আবক্ষ শ্বেত শ্মশ্রুতে পরিপ্লুত, মাথায় প্রকাণ্ড পাগড়ি, তাহার পার্শ্বে একটি স্ত্রীলোক বোধ হয় যেন যুবতী। আমি তাহাদের প্রতি চাহিবামাত্র উভয়ে দ্বারের নিকট অগ্রসর হইয়া যোড়হস্তে নতশিরে আমায় সেলাম করিয়া দাঁড়াইল। যুবতীর মুখ দেখিয়া বোধ হইল যেন বড় ভয় পাইয়াছে, অথচ ওষ্ঠে ঈষৎ হাসি আছে। তাহার যুগ্ম ভ্রূ দেখিয়া আমার মনে হইল যেন অতি ঊর্দ্ধে নীল আকাশে কোনো বৃহৎ পক্ষী পক্ষ বিস্তার করিয়া ভাসিতেছে। আমি অনিমিষ লোচনে সুন্দরী দেখিতে লাগিলাম; কেন আসিয়াছে, কোথায় বাড়ী, এ কথা তখন মনে আসিল না। আমি কেবল তাহার রূপ দেখিতে লাগিলাম, তাহাকে দেখিয়াই প্রথমে একটি রূপবতী পক্ষিণী মনে পড়িল; গেঙ্গোখালি "মোহনায়" যেখানে ইংরেজেরা প্রথম উপনিবাস স্থাপন করেন, সেইখানে একদিন অপরাহ্নে বন্দুক স্কন্ধে পক্ষী শিকার করিতে গিয়াছিলাম, তথায় কোন বৃক্ষের শুষ্ক ডালে একটি ক্ষুদ্র পক্ষী অতি বিষণ্নভাবে বসিয়াছিল, আমি তাহার সম্মুখে গিয়া দাঁড়াইলাম, আমায় দেখিয়া পক্ষী উড়িল না, মাথা হেলাইয়া আমায় দেখিতে লাগিল। ভাবিলাম "জঙ্গলী পাখি হয়ত কখন মানুষ দেখে নাই, দেখিলে বিশ্বাসঘাতককে চিনিত।" চিনাইবার নিমিত্ত আমি হাসিয়া বন্দুক তুলিলাম; তবু পক্ষী উড়িল না, বুক পাতিয়া আমার মুখপ্রতি চাহিয়া রহিল। আমি অপ্রতিভ হইলাম, তখন ধীরে ধীরে বন্দুক নামাইয়া অনিমিষলোচনে পক্ষীকে দেখিতে লাগিলাম; তাহার কি আশ্চর্য্য রূপ! সেই পক্ষিণীতে যে রূপরাশি দেখিয়াছিলাম, এই যুবতীতে ঠিক্ তাহাই দেখিলাম। আমি কখন কবির চক্ষে রূপ দেখি নাই, চিরকাল বালকের মত রূপ দেখিয়া থাকি, এই জন্য আমি যাহা দেখি, তাহা অন্যকে বুঝাইতে পারি না। রূপ যে কি জিনিস, রূপের আকার কি, শরীরের কোন্ কোন্ স্থানে তাহার বাসা, এ সকল বার্ত্তা আমাদের বঙ্গকবিরা বিশেষ জানেন,

এইজন্য তাঁহারা অঙ্গ বাছিয়া বাছিয়া বর্ণনা করিতে পারেন, দুর্ভাগ্যবশতঃ আমি তাহা পারি না। তাহার কারণ, আমি কখন অঙ্গ বাছিয়া রূপ তল্লাস করি নাই। আমি যে প্রকারে রূপ দেখি, নির্লজ্জ হইয়া তাহা বলিতে পারি। একবার আমি দুই বৎসরের একটি শিশু গৃহে রাখিয়া বিদেশে গিয়াছিলাম। শিশুকে সর্ব্বদাই মনে হইত, তাহার ন্যায় রূপ আর কাহারও দেখিতে পাইতাম না। অনেক দিনের পর একটি ছাগশিশুতে সেই রূপরাশি দেখিয়া আহ্লাদে তাহাকে বুকে করিয়াছিলাম। আমার সেই চক্ষু! আমি রূপরাশি কী বুঝিব? তথাপি যুবতীকে দেখিতে লাগিলাম।

বাল্যকালে আমার মনে হইত যে, ভূত প্রেত যে প্রকার নিজে দেহহীন, অন্যের দেহে আবির্ভাবে বিকাশ পায়, রূপও সেইপ্রকার অন্যদেহ অবলম্বন করিয়া প্রকাশ পায়, কিন্তু প্রভেদ এই যে, ভূতের আশ্রয় কেবল মনুষ্য, বিশেষতঃ মানবী। কিন্তু বৃক্ষ, পল্লব, নদ ও নদী প্রভৃতি সকলেই রূপ আশ্রয় করে। যুবতীতে যে রূপ, লতায় সেই রূপ, নদীতেও সেই রূপ, পক্ষীতেও সেই রূপ, ছাগেও সেই রূপ; সুতরাং রূপ এক, তবে পাত্র-ভেদ। আমি পাত্র দেখিয়া ভুলি না; দেহ দেখিয়া ভুলি না; ভুলি কেবল রূপে। সে রূপ, লতায় থাক অথবা যুবতীতে থাক, আমার মনের চক্ষে তাহার কোন প্রভেদ দেখি না। অনেকের এই প্রকার রুচিবিকার আছে। যাঁহারা বলেন যুবতীর দেহ দেখিয়া ভুলিয়াছেন, তাঁহাদের মিথ্যা কথা।

আমি যুবতীকে দেখিতেছি, এমত সময় আমার খানসামা বাবু বলিল, "এরা বাই, এরাই তখন খাঁ সাহেব বলিয়া ডাকিয়াছিল।" শুনিবামাত্র আবার রাগ পূর্ব্বমত গর্জ্জিয়া উঠিল, চীৎকার করিয়া আমি তাহাদের তাড়াইয়া দিলাম। সেই অবধি আর তাহাদের কথা কেহ আমায় বলে নাই। পর-দিবস অপরাহ্নে দেখি, এক বটতলায় ছোট বড় কতকগুলা স্ত্রীলোক বসিয়া আছে,

নিকটে দুই একটা "বেতো" ঘোড়া চরিতেছে জিজ্ঞাসা করায় জানিলাম, তাহারাও "বাই"; ব্যয় লাঘব করিবার নিমিত্ত তাহারা পালামৌ দিয়া যাইতেছে, এই সময় পূর্ব্বরাত্রের বাইকে আমার স্মরণ হইল, তাহার গীত শুনিব মনে করিয়া তাহাকে ডাকিতে পাঠাইলাম। কিন্তু লোক ফিরিয়া আসিয়া বলিল, অতি প্রত্যুষে সে চলিয়া গিয়াছে, আমি আর কোন কথা কহিলাম না দেখিয়া এক জন রাজপুত প্রতিবাসী বলিল, "সে কাঁদিয়া গিয়াছে।"

আ। কেন?

প্র। এই জঙ্গল দিয়া আসিতে তাহার সঙ্গীরা সকলে মরিয়াছে, মাত্র এক জন বৃদ্ধ সঙ্গে ছিল, "খরচা"ও ফুরাইয়াছে। দুই দিন উপবাস করিয়াছে, আরও কতদিন উপবাস করিতে হয় বলা যায় না। এ জঙ্গল পাহাড় মধ্যে কোথা ভিক্ষা পাইবে? আপনার নিকট ভিক্ষার নিমিত্ত আসিয়াছিল, আপনিও ভিক্ষা দেন নাই।

এ কথা শুনিয়া আমার কষ্ট হইল, তাহার বিপদ্ কতক অনুভব করিতে পারিলাম, নিজে সেই অবস্থায় পড়িলে কী যন্ত্রণা পাইতাম, তাহা কল্পনা করিতে লাগিলাম। জঙ্গলে অন্নাভাব, আর অপার নদীতে নৌকাডুবি একই প্রকার। আমি তাহাকে অনায়াসে দুই পাঁচ টাকা দিতে পারিতাম, তাহাতে নিজের কোন ক্ষতি হইত না; অথচ সে রক্ষা পাইত। আমি তাহাকে উদ্ধার করিলাম না, তাড়াইয়া দিলাম; এ নিষ্ঠুরতার ফল এক দিন আমায় অবশ্য পাইতে হইবে, এরূপ কথা আমার সর্ব্বদা মনে হইত। দুই চারি দিনের পর একটি সাহেবের সহিত আমার দেখা হইল, তিনি দশ ক্রোশ দূরে একা থাকিতেন, গল্প করিবার নিমিত্ত মধ্যে মধ্যে আমার তাঁবুতে আসিতেন। গল্প করিতে করিতে আমি তাঁহাকে যুবতীর কথা বলিলাম। তিনি কিয়ৎক্ষণ রহস্য করিলেন, তাহার পর বলিলেন, আমি স্ত্রীলোকটির কথা শুনিয়াছি; সে এ জঙ্গল

অতিক্রম করিতে পারে নাই, পথে মরিয়াছে। এ কথা সত্যই হউক বা মিথ্যাই হউক, আমার বড়ই কষ্ট হইল; আমি কেবল অহঙ্কারের চাতুরীতে পড়িয়া "খাঁ সাহেব" কথায় চটিয়াছিলাম। তখন জানিতাম না যে, এক দিন আপনার অহঙ্কারে আপনি হাসিব।

সাহেবকে বিদায় দিয়া অপরাহ্ণে যুবতীর কথা ভাবিতে ভাবিতে পাহাড়ের দিকে যাইতেছিলাম, পথিমধ্যে কতকগুলি কোলকন্যার সহিত সাক্ষাৎ হইল, তাহারা "দাড়ি" হইতে জল তুলিতেছিল। এই অঞ্চলে জলাশয় একেবারে নাই, নদী শীতকালে একেবারে শুষ্কপ্রায় হইয়া যায়, সুতরাং গ্রাম্য লোকেরা এক এক স্থানে পাতকুয়ার আকারে ক্ষুদ্র খাদ খনন করে—তাহা দুই হাতের অধিক গভীর করিতে হয় না—সেই খাদে জল ক্রমে ক্রমে চুঁইয়া জমে। আট দশ কলস তুলিলে আর কিছু থাকে না, আবার জল ক্রমে আসিয়া জমে। এই ক্ষুদ্র খাদগুলিকে দাড়ি বলে।

কোলকন্যারা আমাকে দেখিয়া দাঁড়াইল। তাহাদের মধ্যে একটি লম্বোদরী—সর্ব্বাপেক্ষ বয়োজ্যেষ্ঠা—মাথায় পূর্ণ কলস দুই হস্তে ধরিয়া হাস্যমুখে আমায় বলিল, রাত্রে নাচ দেখিতে আসিবেন? আমি মাথা হেলাইয়া স্বীকার করিলাম, অমনি সকলে হাসিয়া উঠিল। কোলের যুবতীরা যত হাসে, যত নাচে, বোধহয় পৃথিবীর আর কোন জাতির কন্যারা তত হাসিতে নাচিতে পারে না; আমাদের দুরন্ত ছেলেরা তাহার শতাংশ পারে না।

সন্ধ্যার পর আমি নৃত্য দেখিতে গেলাম; গ্রামের প্রান্তভাগে এক বটবৃক্ষতলে গ্রামস্থ যুবারা সমুদয়ই আসিয়া একত্র হইয়াছে। তাহারা "খোপা" বাঁধিয়াছে, তাহাতে দুই তিনখানি কাঠের "চিরুণী" সাজাইয়াছে। কেহ মাদল আনিয়াছে, কেহ বা লম্বা লাঠি আনিয়াছে, রিক্তহস্তে কেহই আসে নাই, বয়সের দোষে সকলেরই দেহ চঞ্চল, সকলেই নানা ভঙ্গীতে আপন আপন বলবীর্য্য

দেখাইতেছে। বৃদ্ধেরা বৃক্ষমূলে উচ্চ মৃন্ময় মঞ্চের উপর জড়বৎ বসিয়া আছে, তাহাদের জানু প্রায় স্কন্ধ ছাড়াইয়াছে, তাহারা বসিয়া নানাভঙ্গিতে কেবল ওষ্ঠক্রীড়া করিতেছে, আমি গিয়া তাহাদের পার্শ্বে বসিলাম।

এই সময় দলে দলে গ্রামস্থ যুবতীরা আসিয়া জমিতে লাগিল; তাহারা আসিয়াই যুবাদিগের প্রতি উপহাস আরম্ভ করিল, সঙ্গে সঙ্গে বড় হাসির ঘটা পড়িয়া গেল। উপহাস আমি কিছুই বুঝিতে পারিলাম না; কেবল অনুভবে স্থির করিলাম যে, যুবারা ঠকিয়া গেল। ঠকিবার কথা, যুবা দশ বারটি, কিন্তু যুবতীরা প্রায় চল্লিশ জন, সেই চল্লিশ জনে হাসিলে হাইলন্ডের পল্টন ঠকে।

হাস্য উপহাস্য শেষ হইলে, নৃত্যের উদ্যোগ আরম্ভ হইল। যুবতী সকলে হাত ধরাধরি করিয়া অর্দ্ধচন্দ্রাকৃতি রেখা বিন্যাস করিয়া দাঁড়াইল। দেখিতে বড় চমৎকার হইল। সকলগুলিই সম উচ্চ, সকলগুলিই পাথুরে কাল; সকলেরই অনাবৃত দেহ, সকলের সেই অনাবৃত বক্ষে আরশির ধুকধুকি চন্দ্রকিরণে এক একবার জ্বলিয়া উঠিতেছে। আবার সকলের মাথায় বনপুষ্প, কর্ণে বনপুষ্প, ওষ্ঠে হাসি। সকলেই আহ্লাদে পরিপূর্ণ, আহ্লাদে চঞ্চল, যেন তেজঃপুঞ্জ অশ্বের ন্যায় সকলেই দেহবেগ সংযম করিতেছে।

সম্মুখে যুবারা দাঁড়াইয়া, যুবাদের পশ্চাতে মৃন্ময়মঞ্চোপরি বৃদ্ধেরা এবং তৎসঙ্গে এই নরাধম। বৃদ্ধেরা ইঙ্গিত করিলে যুবাদের দলে মাদল বাজিল, অমনি যুবতীদের দেহ যেন শিহরিয়া উঠিল; যদি দেহের কোলাহল থাকে, তবে যুবতীদের দেহে সেই কোলাহল পড়িয়া গেল, পরেই তাহারা নৃত্য আরম্ভ করিল। তাহাদের নৃত্য আমাদের চক্ষে নূতন; তাহারা তালে তালে পা ফেলিতেছে, অথচ কেহ চলে না; দোলে না, টলে না। যে যেখানে দাঁড়াইয়াছিল,

সে সেইখানেই দাঁড়াইয়া তালে তালে পা ফেলিতে লাগিল, তাহাদের মাথার ফুলগুলি নাচিতে লাগিল, বুকের ধুক্‌ধুকি দুলিতে লাগিল।

নৃত্য আরম্ভ হইলে পর একজন বৃদ্ধ মঞ্চ হইতে কম্পিতকণ্ঠে একটি গীতের "মহড়া" আরম্ভ করিল, অমনি যুবারা সেই গীত উচ্চৈঃস্বরে গাইয়া উঠিল, সঙ্গে সঙ্গে যুবতীরা তীব্র তানে "ধুয়া" ধরিল। যুবতীদের সুরের ঢেউ নিকটের পাহাড়ে গিয়া লাগিতে লাগিল। আমার তখন স্পষ্ট বোধ হইতে লাগিল, যেন সুর কখন পাহাড়ের মূল পর্য্যন্ত, কখন বা পাহাড়ের বক্ষ পর্য্যন্ত গিয়া ঠেকিতেছে; তাল পাহাড়ে ঠেকা অনেকের নিকট রহস্যের কথা, কিন্তু আমার নিকট তাহা নহে, আমার লেখা পড়িতে গেলে এরূপ প্রলাপবাক্য মধ্যে মধ্যে সহ্য করিতে হইবে।

যুবতীরা তালে তালে নাচিতেছে, তাহাদের মাথার বনফুল সেই সঙ্গে উঠিতেছে নামিতেছে, আবার সেই ফুলের দুটি একটি ঝরিয়া তাহাদের স্কন্ধে পড়িতেছে। শীতকাল, নিকটে, দুই তিন স্থানে হু হু করিয়া অগ্নি জ্বলিতেছে, অগ্নির আলোকে নর্ত্তকীদের বর্ণ আরও কাল দেখাইতেছে; তাহারা তালে তালে নাচিতেছে, নাচিতে নাচিতে ফুলের পাপড়ির ন্যায় সকলে একবার "চিতিয়া" পড়িতেছে; আকাশ হইতে চন্দ্র তাহা দেখিয়া হাসিতেছে, আর বটমূলের অন্ধকারে বসিয়া আমি হাসিতেছি।

নৃত্যের শেষ পর্য্যন্ত থাকিতে পারিলাম না; বড় শীত; অধিক ক্ষণ থাকা গেল না।

পঞ্চম প্রবন্ধ

কোলের নৃত্য সম্বন্ধে যৎকিঞ্চিৎ বলা হইয়াছে, এবার তাহাদের বিবাহের পরিচয় দিতে ইচ্ছা হইতেছে। কোলের অনেক শাখা আছে। আমার স্মরণ নাই, বোধ হয় যেন উরাঙ, মুণ্ডা, খেরওয়ার এবং দোসাদ এই চারি জাতি তাহার মধ্যে প্রধান। ইহার এক জাতির বিবাহে আমি বরযাত্রী হইয়া কতক দূর গিয়াছিলাম। বরকর্ত্তা আমার পাল্‌কী লইয়া গেল, কিন্তু আমায় নিমন্ত্রণ করিল না; ভাবিলাম—না করুক, আমি রবাহূত যাইব। সেই অভিপ্রায়ে অপরাহ্নে পথে দাঁড়াইয়া থাকিলাম। কিছুক্ষণ পরে দেখি, পাল্‌কীতে বর আসিতেছে। সঙ্গে দশ বার জন পুরুষ আর পাঁচ ছয় জন যুবতী, যুবতীরাও বরযাত্রী। পুরুষেরা আমায় কেহই ডাকিল না, স্ত্রীলোকের চক্ষুলজ্জা আছে, তাহারা হাসিয়া আমায় ডাকিল, আমিও হাসিয়া তাহাদের সঙ্গে চলিলাম; কিন্তু অধিক দূর যাইতে পারিলাম না; তাহারা যেরূপ বুক ফুলাইয়া, মুখ তুলিয়া, বায়ু ঠেলিয়া মহাদম্ভে চলিতেছিল, আমি দুর্ব্বল বাঙ্গালী, আমার সে দম্ভ, সে শক্তি কোথায়? সুতরাং কতক দূর গিয়া পিছাইলাম; তাহারা তাহা লক্ষ করিল না; হয়ত দেখিয়াও দেখিল না; আমি বাঁচিলাম। তখন পথপ্রান্তে এক প্রস্তরস্তূপে বসিয়া ঘর্ম্ম মুছিতে লাগিলাম, আর রাগভরে পাথুরে মেয়েগুলাকে গালি দিতে লাগিলাম। তাহাদিগকে সেপাই বলিলাম, সিদ্ধেশ্বরীর পাল বলিলাম, আর কত কি বলিলাম। আর একবার বহু পূর্ব্বে এইরূপ গালি দিয়াছিলাম। একদিন বেলা দুই প্রহরের সময় টিটাগড়ের বাগানে "লসিংটন লজ" হইতে গজেন্দ্রগমনে আমি আসিতেছিলাম—তখন রেলওয়ে ছিল না, সুতরাং এখনকার মত বেগে পথ চলা বাঙ্গালীর মধ্যে বড় ফেসন হয় নাই—আসিতে আসিতে পশ্চাতে একটা অল্প টক টক শব্দ শুনিতে পাইলাম। ফিরিয়া দেখি, গবর্ণর জেনেরল কাউন্‌সলের অমুক মেম্বারের কুলকন্যা একা আসিতেছেন। আমি তখন বালক,

ষোড়শ বৎসরের অধিক আমার বয়স নহে, সুতরাং বয়সের মত স্থির করিলাম, স্ত্রীলোকের নিকট পিছাইয়া পড়া হইবে না, অতএব যথাসাধ্য চলিতে লাগিলাম। হয়ত যুবতীও তাহা বুঝিলেন। আর একটু অধিক বয়স হইলে এদিকে তাঁহার মন যাইত না। তিনি নিজে অল্পবয়স্কা; আমার অপেক্ষা কিঞ্চিৎমাত্র বয়োজ্যেষ্ঠা, সুতরাং এই উপলক্ষে বাইচ খেলার আমোদ তাঁহার মনে আসা সম্ভব। সেই জন্য একটু যেন তিনি জোরে বাহিতে লাগিলেন। দেখিতে দেখিতে পশ্চিমে মেঘের মতো আমাকে ছাড়াইয়া গেলেন, যেন সেইসঙ্গে একটু "দুয়ো" দিয়া গেলেন,—অবশ্য তাহা মনে মনে, তাঁহার ওষ্ঠপ্রান্তে একটু হাসি ছিল, তাহাই বলিতেছি। আমি লজ্জিত হইয়া নিকটস্থ বটমূলে বসিয়া সুন্দরীদের উপর রাগ করিয়া নানা কথা বলিতে লাগিলাম। যাহারা এত জোরে পথ চলে, তাহারা আবার কোমলাঙ্গী? খোশামুদেরা বলে, তাহাদের অলকদাম সরাইবার নিমিত্ত বায়ু ধীরে ধীরে বহে। কলাগাছে ঝড়, আর শিমূল গাছে সমীরণ?

সে সকল রাগের কথা এখন যাক; যে হারে, সেই রাগে। কোলের কথা হইতেছিল। তাহাদের সকল জাতির মধ্যে একরূপ বিবাহ নহে। এক জাতি কোল আছে, তাহারা উরাঙ কি, কি তাহা স্মরণ নাই, তাহাদের বিবাহপ্রথা অতি পুরাতন। তাহাদের প্রত্যেক গ্রামের প্রান্তে একখানি করিয়া বড় ঘর থাকে। সেই ঘরে সন্ধ্যার পর একে একে গ্রামের সমুদয় কুমারীরা আসিয়া উপস্থিত হয়, সেই ঘর তাহাদের ডিপো। বিবাহযোগ্য হইলে আর তাহারা পিতৃগৃহে রাত্রি যাপন করিতে পায় না। সকলে উপস্থিত হইয়া শয়ন করিলে গ্রামের অবিবাহিত যুবারা ক্রমে ক্রমে সকলে সেই ঘরের নিকটে আসিয়া রসিকতা আরম্ভ করে, কেহ গীত গায়, কেহ নৃত্য করে, কেহ বা রহস্য করে। যে কুমারীর বিবাহের সময় হয় নাই, সে অবাধে নিদ্রা যায়। কিন্তু যাহাদের সময় উপস্থিত, তাহারা বসন্তকালের পক্ষিণীর ন্যায় অনিমেষলোচনে সেই নৃত্য দেখিতে থাকে,

একাগ্রচিত্তে সেই গীত শুনিতে থাকে। হয়ত থাকিতে না পারিয়া শেষে ঠাট্টার উত্তর দেয়, কেহ বা গালি পর্য্যন্তও দেয়। গালি আর ঠাট্টা উভয়ে প্রভেদ অল্প, বিশেষ যুবতীর মুখবিনির্গত হইলে যুবার কর্ণে উভয়ই সুধাবর্ষণ। কুমারীরা গালি আরম্ভ করিলে কুমারেরা আনন্দে মাতিয়া উঠে।

এইরূপে প্রতি রাত্রে কুমার কুমারীর বাক্‌চাতুরী হইতে থাকে, শেষ তাহাদের মধ্যে প্রণয় উপস্থিত হয়। প্রণয় কথাটি ঠিক নহে। কোলেরা প্রেম প্রীতের বড় সম্বন্ধ রাখে না। মনোনীত কথাটি ঠিক। নৃত্য হাস্য উপহাস্যের পর পরস্পর মনোনীত হইলে সঙ্গী, সঙ্গিনীরা তাহা কাণাকাণি করিতে থাকে। ক্রমে গ্রামে রাষ্ট্র হইয়া পড়ে। রাষ্ট্র কথা শুনিয়া উভয় পক্ষের পিতৃকুল সাবধান হইতে থাকে। সাবধানতা অন্য বিষয়ে নহে। কুমারীর আত্মীয় বন্ধুরা বড় বড় বাঁশ কাটে, তীর ধনুক সংগ্রহ করে, অস্ত্রশস্ত্রে শান দেয়। আর অনবরত কুমারের আত্মীয় বন্ধুকে গালি দিতে থাকে। চীৎকার আর আস্ফালনের সীমা থাকে না। আবার এদিকে উভয় পক্ষে গোপনে গোপনে বিবাহের আয়োজনও আরম্ভ করে।

শেষ একদিন অপরাহ্লে কুমারী হাসি হাসি মুখে বেশ বিন্যাস করিতে বসে। সকলে বুঝিয়া চারি পার্শ্বে দাঁড়ায়, হয়তো ছোট ভগিনী বন হইতে নূতন ফুল আনিয়া মাথায় পরাইয়া দেয়, বেশ বিন্যাস হইলে কুমারী উঠিয়া গাগরি লইয়া একা জল আনিতে যায়। অন্য দিনের মত নহে, এ দিনে ধীরে ধীরে যায়, তবু মাথায় গাগরি টলে। বনের ধারে জল, যেন কতই দূর! কুমারী যাইতেছে আর অনিমেষলোচনে বনের দিকে চাহিতেছে। চাহিতে চাহিতে বনের দুই একটি ডাল দুলিয়া উঠিল। তাহার পর এক নবযুবা, সখা সুবলের মত লাফাইতে লাফাইতে সেই বন হইতে বহির্গত হইল, সঙ্গে সঙ্গে হয়তো দুটা চারিটা ভ্রমরও

ছুটিয়া আসিল। কোল-কুমারীর মাথা হইতে গাগরি পড়িয়া গেল। কুমারীকে বুকে করিয়া যুবা অমনি ছুটিল। কুমারী সুতরাং এ অবস্থায় চীৎকার করিতে বাধ্য, চীৎকারও সে করিতে লাগিল। হাত পাও আছড়াইল। এবং চড়টা চাপড়টা যুবাকেও মারিল; নতুবা ভাল দেখায় না! কুমারীর চীৎকারে তাহার আত্মীয়েরা "মার মার" রবে আসিয়া পড়িল। যুবার আত্মীয়েরাও নিকটে এখানে সেখানে লুকাইয়া ছিল, তাহারাও বাহির হইয়া পথরোধ করিল। শেষে যুদ্ধ আরম্ভ হইল। যুদ্ধ রুক্মিণীহরণের যাত্রার মতো, সকলের তীর আকাশমুখী। কিন্তু শুনিয়াছি, দুই একবার নাকি সত্য সত্যই মাথা ফাটাফাটিও হইয়া গিয়াছে। যাহাই হউক, শেষ যুদ্ধের পর আপোষ হইয়া যায় এবং তৎক্ষণাৎ উভয় পক্ষ একত্র আহার করিতে বসে।

এইরূপ কন্যা হরণ করাই তাহাদের বিবাহ। আর স্বতন্ত্র কোনো মন্ত্র তন্ত্র নাই। আমাদের শাস্ত্রে এই বিবাহকে আসুরিক বিবাহ বলে। এক সময় পৃথিবীর সর্ব্বত্র এই বিবাহ প্রচলিত ছিল। আমাদের দেশে স্ত্রী-আচারের সময় বরের পৃষ্ঠে বাউটি-বেষ্টিত নানা ওজনের করকমল যে সংস্পর্শ হয়, তাহাও এই মারপিট প্রথার অবশেষ। হিন্দুস্থান অঞ্চলের বরকন্যার মাসী পিসী একত্র জুটিয়া নানা ভঙ্গীতে, নানা ছন্দে, মেছুয়াবাজারের ভাষায় পরস্পরকে যে গালি দিবার রীতি আছে, তাহাও এই মারপিট প্রথার নূতন সংস্কার। ইংরেজদের বরকন্যা গির্জ্জা হইতে গাড়ীতে উঠিবার সময় পুষ্পবৃষ্টির ন্যায় তাহাদের অঙ্গে যে জুতাবৃষ্টি হয়, তাহাও এই পূর্ব্বপ্রথার অন্তর্গত।

কোলদের উৎসব সর্ব্বাপেক্ষা বিবাহে। তদুপলক্ষে ব্যয়ও বিস্তর। আট টাকা, দশ টাকা, কখন কখন পনর টাকা পর্য্যন্ত ব্যয় হয়। বাঙ্গালীর পক্ষে ইহা অতি সামান্য, কিন্তু বন্যের পক্ষে অতিরিক্ত। এত টাকা তাহারা কোথা পাইবে? তাহাদের এক পয়সা সঞ্চয় নাই, কোন উপার্জ্জনও নাই, সুতরাং ব্যয় নির্ব্বাহ

করিবার নিমিত্ত কর্জ্জ করিতে হয়। দুই চারি গ্রাম অন্তর এক জন করিয়া হিন্দুস্থানী মহাজন বাস করে, তাহারাই কর্জ্জ দেয়। এই হিন্দুস্থানীরা মহাজন কি মহাপিশাচ, সে বিষয়ে আমার বিশেষ সন্দেহ আছে। তাহাদের নিকট একবার কর্জ্জ করিলে আর উদ্ধার নাই। যে একবার পাঁচ টাকা মাত্র কর্জ্জ করিল সে সেই দিন হইতে আপন গৃহে আর কিছুই লইয়া যাইতে পাইবে না, যাহা উপার্জ্জন করিবে, তাহা মহাজনকে আনিয়া দিতে হইবে। খাতকের ভূমিতে দুই মণ কার্পাস, কি চারি মণ যব জন্মিয়াছে, মহাজনের গৃহে তাহা আনিতে হইবে; তিনি তাহা ওজন করিবেন, পরীক্ষা করিবেন, কত কি করিবেন, শেষ হিসাব করিয়া বলিবেন যে, আসল পাঁচ টাকার মধ্যে এই কার্পাসে কেবল এক টাকা শোধ গেল, আর চারি টাকা বাকি থাকিল। খাতক যে আজ্ঞা বলিয়া চলিয়া যায়। কিন্তু তাহার পরিবার খায় কি? চাষে যাহা জন্মিয়াছিল, মহাজন তাহা সমুদয় লইল। খাতক হিসাব জানে না, এক হইতে দশ গণনা করিতে পারে না, সকলের উপর তাহার সম্পূর্ণ বিশ্বাস। মহাজন যে অন্যায় করিবে, ইহা তাহার বুদ্ধিতে আইসে না। সুতরাং মহাজনের জালে বদ্ধ হইল। তাহার পর পরিবার আহার পায় না, আবার মহাজনের নিকট খোরাকী কর্জ্জ করা আবশ্যক, সুতরাং খাতক জন্মের মত মহাজনের নিকট বিক্রীত হইল। যাহা সে উপার্জ্জন করিবে, তাহা মহাজনের। মহাজন তাহাকে কেবল যৎসামান্য খোরাকি দিবে। এই তাহার এ জন্মের বন্দোবস্ত।

কেহ কেহ এই উপলক্ষে "সামকনামা" লিখিয়া দেয়। সামকনামা অর্থাৎ দাসখত। যে ইহা লিখিয়া দিল, সে রীতিমত গোলাম হইল। মহাজন গোলামকে কেবল আহার দেন, গোলাম বিনা বেতনে তাঁহার সমুদয় কর্ম্ম করে; চাষ করে, মোট বহে, সর্ব্বত্র সঙ্গে যায়। আপনার সংসারের সঙ্গে আর তাহার কোন সম্বন্ধ থাকে না। সংসারও তাহাদের অন্নাভাবে শীঘ্রই লোপ পায়।

কোলদের এই দুর্দ্দশা অতি সাধারণ। তাহাদের কেবল এক উপায় আছে—পলায়ন। অনেকেই পলাইয়া রক্ষা পায়। যে না পলাইল, সে জন্মের মত মহাজনের নিকট বিক্রীত থাকিল।

পুত্রের বিবাহ দিতে গিয়া যে কেবল কোলের জীবনযাত্রা বৃথা হয় এমত নহে, আমাদের বাঙ্গালীর মধ্যে অনেকের দুর্দ্দশা পুত্রের বিবাহ উপলক্ষে অথবা পিতৃমাতৃশ্রাদ্ধ উপলক্ষে। সকলেই মনে মনে জানেন, আমি বড় লোক, আমি "ধুমধাম" না করিলে লোকে আমার নিন্দা করিবে। সুতরাং কর্জ্জ করিয়া সেই বড়লোকত্ব রক্ষা করেন, তাহার পর যথাসর্ব্বস্ব বিক্রয় করিয়া সে কর্জ্জ হইতে উদ্ধার হওয়া ভার হয়। প্রায় দেখা যায়, "আমি ধনবান্" বলিয়া প্রথমে অভিমান জন্মিলে শেষ দারিদ্র্যদশায় জীবন শেষ করিতে হয়।

কোলেরা সকলেই বিবাহ করে। বাঙ্গালা শস্যশালিনী, এখানে অল্পেই গুজরান চলে, তাই বাঙ্গালায় বিবাহ এত সাধারণ। কিন্তু পালামৌ অঞ্চলে সম্পূর্ণ অন্নাভাব, সেখানে বিবাহ এরূপ সাধারণ কেন, তদ্বিষয়ে সমাজতত্ত্ববিদেরা কি বলেন জানি না। কিন্তু বোধ হয় হিন্দুস্থানী মজাজনেরা তথায় বাস করিবার পূর্ব্বে কোলদের এত অন্নাভাব ছিল না। তাহাই বিবাহ সাধারণ হইয়াছিল। এক্ষণে মহাজনেরা তাহাদের সর্ব্বস্ব লয়। তাহাদের অন্নাভাব হইয়াছে, সুতরাং বিবাহ আর পূর্ব্বমত সাধারণ থাকিবে না বলিয়া বোধ হয়।

কোলের সমাজ এক্ষণে যে অবস্থায় আছে দেখা যায়, তাহাতে সেখানে মহাজনের আবশ্যক নাই, যদি হিন্দুস্থানী সভ্যতা তথায় প্রবিষ্ট না হইত, তাহা হইলে অদ্যাপি কোলের মধ্যে ঋণের প্রথা উৎপত্তি হইত না। ঋণের সময় হয় নাই। ঋণ উন্নত সমাজের সৃষ্টি। কোলদিগের মধ্যে সে উন্নতির বিলম্ব আছে।

সমাজের স্বভাবতঃ যে অবস্থা হয় নাই, কৃত্রিম উপায়ে সে অবস্থা ঘটাইতে গেলে, অথবা সভ্য দেশের নিমাদি অসময়ে অসভ্য দেশে প্রবিষ্ট করাইতে গেলে, ফল ভাল হয় না। আমাদের বাঙ্গালায় এ কথার অনেক পরিচয় পাওয়া যাইতেছে। এক সময় ইহুদি মহাজনেরা ঋণ দানের সভ্য নিয়ম অসভ্য বিলাতে প্রবেশ করাইয়া অনেক অনিষ্ট ঘটাইয়াছিল। এক্ষণে হিন্দুস্থানী মহাজনেরা কোলদের সেইরূপ অনিষ্ট ঘটাইতেছে।

কোলের নববধূ আমি কখন দেখি নাই। কুমারী এক রাত্রের মধ্যে নববধূ! দেখিতে আশ্চর্য্য! বাঙ্গালায় দুরন্ত ছুঁড়ীরা ধূলাখেলা করিয়া বেড়াইতেছে, ভাইকে পিটাইতেছে, পরের গোরুকে গাল দিতেছে, পাড়ার ভালখাকীদের সঙ্গে কোঁদল করিতেছে, বিবাহের কথা উঠিলে ছুঁড়ী গালি দিয়া পলাইতেছে। তাহার পর এক রাত্রে ভাবান্তর। বিবাহের পরদিন প্রাতে আর সে পূর্ব্বমতো দুরন্ত ছুঁড়ী নাই। এক রাত্রে তার আশ্চর্য্য পরিবর্ত্তন হইয়া গিয়াছে। আমি একটি এইরূপ নববধূ দেখিয়াছি। তাহার পরিচয় দিতে ইচ্ছা হয়।

বিবাহের রাত্রি আমোদে গেল। পরদিন প্রাতে উঠিয়া নববধূ ছোট ভাইকে আদর করিল, নিকটে মা ছিলেন, নববধূ মার মুখ প্রতি এক বার চাহিল, মার চক্ষে জল আসিল, নববধূ মুখাবনত করিল, কাঁদিল না। তাহার পর ধীরে ধীরে এক নির্জ্জন স্থানে গিয়া দ্বারে মাথা রাখিয়া অন্যমনস্কে দাঁড়াইয়া শিশিরসিক্ত সামিয়ানার প্রতি চাহিয়া রহিল। সামিয়ানা হইতে টোপে টোপে উঠানে শিশির পড়িতেছে। সামিয়ানা হইতে উঠানের দিকে তাহার দৃষ্টি গেল, উঠানের এখানে সেখানে পূর্ব্বরাত্রের উচ্ছিষ্টপত্র পড়িয়া রহিয়াছে, রাত্রের কথা নববধূর মনে হইল, কত আলো! কত বাদ্য! কত লোক! কত কলবর! যেন স্বপ্ন! এখন সেখানে ভাঙা ভাঁড়, ছেঁড়া পাতা! নববধুর সেই দিকে দৃষ্টি গেল। একটি দুর্ব্বলা কুক্কুরী—নবপ্রসূতি—পেটের জ্বালায় শুষ্ক পত্রে ভগ্ন ভাণ্ডে আহার

খুঁজিতেছে, নববধূর চোখে জল আসিল। জল মুছিয়া নববধূ ধীরে ধীরে মাতৃকক্ষে গিয়া লুচি আনিয়া কুক্কুরীকে দিল। এই সময় নববধূর পিতা অন্দরে আসিতেছিলেন, কুক্কুরীভোজন দেখিয়া একটু হাসিলেন, নববধূ আর পূর্ব্বমত দৌড়িয়া পিতার কাছে গেল না, অধোমুখে দাঁড়াইয়া রহিল। পিতা বলিলেন, ব্রাহ্মণভোজনের পর কুক্কুর ভোজনই হইয়া থাকে, রাত্রে তাহা হইয়া গিয়াছে, অদ্য আবার এ কেন মা? নববধূ কথা কহিল না! কহিলে হয়ত বলিত, এই কুক্কুরী সংসারী।

পূর্ব্বে বলিয়াছি, নববধূ লুচি আনিতে যাইবার সময় ধীরে ধীরে গিয়াছিল, আর দুই দিন পূর্ব্বে হইলে দৌড়িয়া যাইত। যখন সেই ঘরে গেল, তখন দেখিল, মাতার সম্মুখে কতকগুলি লুচি সন্দেশ রহিয়াছে। নববধূ জিজ্ঞাসা করিল, “মা! লুচি নেব?” মাতা লুচিগুলি হাতে তুলিয়া দিয়া বলিলেন, “কেন মা আজ চাহিয়া নিলে? যাহা তোমার ইচ্ছা তুমি আপনি লও, ছড়াও, ফেলিয়া দাও, নষ্ট কর; কখন কাহাকেও ত জিজ্ঞাসা করে লও না? আজ কেন মা চাহিয়া নিলে? তবে সত্যই আজ থেকে কি তুমি পর হ’লে, আমায় পর ভাবিলে?” এই বলিয়া মা কাঁদিতে লাগিলেন। নববধূ বলিল, “না মা! আমি বলি বুঝি কার জন্য রেখেছ?” নববধূ হয়ত মনে করিল, পূর্ব্বে আমায় “ওই” বলিতে আজ কেন তবে আমায় “তুমি” বলিয়া কথা কহিতেছ?

নববধূর পরিবর্ত্তন সকলের নিকট স্পষ্ট নহে সত্য, কিন্তু যিনি অনুধাবন করিয়াছেন, তিনিই বুঝিতে পারিয়াছেন যে, পরিবর্ত্তন অতি আশ্চর্য্য! এক রাত্রের পরিবর্ত্তন বলিয়া আশ্চর্য্য! নববধূর মুখশ্রী এক রাত্রে একটু গম্ভীর হয়, অথচ তাহাতে একটু আহ্লাদের আভাসও থাকে। তদ্ব্যতীত যেন একটু সাবধান, একটু নম্র, একটু সঙ্কুচিত বলিয়া বোধ হয়। ঠিক যেন শেষ রাত্রের পদ্ম। বালিকা কী বুঝিল যে, মনের এই পরিবর্ত্তন হঠাৎ এক রাত্রের মধ্যে হইল!

ষষ্ঠ প্রবন্ধ

বহু কালের পর পালামৌ সম্বন্ধে দুইটা কথা লিখিতে বসিয়াছি। লিখিবার একটা ওজর আছে। এক সময়ে একজন বধির ব্রাহ্মণ আমাদের প্রতিবাসী ছিলেন, অনবরত গল্প করা তাঁহার রোগ ছিল। যেখানে কেহ একা আছে দেখিতেন, সেইখানে গিয়া গল্প আরম্ভ করিতেন; কেহ তাঁহার গল্প শুনিত না, শুনিবারও কিছু তাহাতে থাকিত না। অথচ তাঁহার স্থির বিশ্বাস ছিল যে, সকলেই তাঁহার গল্প

শুনিতে আগ্রহ করে। একবার একজন শ্রোতা রাগ করিয়া বলিয়াছিলেন, "আর তোমার গল্প ভাল লাগে না, তুমি চুপ কর।" কালা ঠাকুর উত্তর করিয়াছিলেন, "তা কেমন করিয়া হবে, এখনও যে এ গল্পের অনেক বাকি।" আমারও সেই ওজর। যদি কেহ পালামৌ পড়িতে অনিচ্ছুক হন, আমি বলিব যে, "তা কেমন করে হবে, এখনও যে পালামৌর অনেক কথা বাকি।"

পালামৌর প্রধান আওলাত মৌয়া গাছ। সাধু ভাষায় বুঝি ইহাকে মধুদ্রুম বলিতে হয়। সাধুদের তৃপ্তির নিমিত্ত সকল কথাই সাধু ভাষায় লেখা উচিত। আমারও তাহা একান্ত যত্ন। কিন্তু মধ্যে মধ্যে বড় গোলে পড়িতে হয়, অন্যকেও গোলে ফেলিতে হয়, এই জন্য এক এক বার ইতস্তত করি। সাধুসঙ্গ আমার অল্প, এই জন্য তাঁহাদের ভাষায় আমার সম্পূর্ণ অধিকার জন্মে নাই। যাঁহাদের সাধুসঙ্গ যথেষ্ট অথবা যাঁহারা অভিধান পড়িয়া নিজে সাধু হইয়াছেন, তাঁহারাও একটু একটু গোলে পড়েন। এই যে এইমাত্র মধুদ্রুম লিখিত হইল, অনেক সাধু ইহার অর্থে আশোকবৃক্ষ বুঝিবেন। অনেক সাধু জীবন্তীবৃক্ষ বুঝিবেন। আবার যে সকল সাধুর গৃহে অভিধান নাই, তাঁহারা হয়ত কিছুই

বুঝিবেন না; সাধুদের গৃহিণীরা নাকি সাধুভাষা ব্যবহার করেন না। তাঁহারা বলেন, সাধুভাষা অতি অসম্পন্ন; এই ভাষায় গালি চলে না, ঝগড়া চলে না, মনের অনেক কথা বলা হয় না। যদি এ কথা সত্য হয়, তবে তাঁহারা স্বচ্ছন্দে বলুন, সাধুভাষা গোল্লায় যাক।

মৌয়ার ফুল পালামৌ অঞ্চলে উপাদেয় খাদ্য বলিয়া ব্যবহৃত হইয়া থাকে। হিন্দুস্থানীয়েরা কেহ কেহ সক করিয়া চালভাজার সঙ্গে এই ফুল খাইয়া থাকেন। শুকাইয়া রাখিলে এই ফুল অনেক দিন পর্য্যন্ত থাকে। বর্ষাকালে কোলেরা কেবল এই ফুল খাইয়া দুই তিন মাস কাটায়। পয়সার পরিবর্ত্তে এই ফুল পাইলেই তাহাদের মজুরি শোধ হয়। মৌয়ার এত আদর, অথচ তথায় ইহার বাগান নাই।

মৌয়ার ফুল শেফালিকার মত ঝরিয়া পড়ে, প্রাতে, বৃক্ষতল একেবারে বিছাইয়া থাকে। সেখানে সহস্র সহস্র মাছি, মৌমাছি, ঘুরিয়া ফিরিয়া উড়িয়া বেড়ায়, তাহাদের কোলাহলে বন পূরিয়া যায়। বোধ হয় দূরে কোথায় একটা হাট বসিয়াছে। একদিন ভোরে নিদ্রাভঙ্গে সেই শব্দে যেন স্বপ্নবৎ কি একটা অষ্পষ্ট সুখ আমার স্মরণ হইতে হইতে আর হইল না। কোন্ বয়সের কোন্ সুখের স্মৃতি, তাহা প্রথমে কিছুই অনুভব হয় নাই, সে দিকে মনও যায় নাই। পরে তাহা স্পষ্ট স্মরণ হইয়াছিল। অনেকের এইরূপ স্মৃতিবৈকল্য ঘটিয়া থাকে। কোন একটি দ্রব্য দেখিয়া বা কোন একটি সুর শুনিয়া অনেকের মনে হঠাৎ একটা সুখের আলোক আসিয়া উপস্থিত হয়; তখন মন যেন আহ্লাদে কাঁপিয়া উঠে—অথচ কি জন্য এই আহ্লাদ, তাহা বুঝা যায় না। বৃদ্ধেরা বলেন, ইহা জন্মান্তরীণ সুখস্মৃতি। তাহা হইলে হইতে পারে, যাঁহাদের পূর্ব্বজন্ম ছিল, তাঁহাদের সকলই সম্ভব। কিন্তু আমার নিজ সম্বন্ধে যাহা বলিতেছিলাম, তাহা

ইহজন্মের স্মৃতি। বাল্যকাল আমি যে পল্লীগ্রামে অতিবাহিত করিয়াছি, তথায় নিত্য প্রাতে বিস্তর ফুল ফুটিত, সুতরাং নিত্য প্রাতে বিস্তর মৌমাছি আসিয়া গোল বাধাইত। সেই সঙ্গে ঘরে বাহিরে, ঘাটে পথে হরিনাম—অস্ফূট স্বরে, নানা বয়সের নানা কণ্ঠে, গুন্ গুন্ শব্দে হরিনাম মিশিয়া কেমন একটা গম্ভীর সুর নিত্য প্রাতে জমিত, তাহা তখন ভাল লাগিত কি না স্মরণ নাই, এখনও ভালো লাগে কিনা বলিতে পারি না, কিন্তু সেই সুর আমার অন্তরের অন্তরে কোথায় লুকান ছিল, তাহা যেন হঠাৎ বাজিয়া উঠিল। কেবল সুর নহে, লতা-পল্লব-শোভিত সেই পল্লীগ্রাম, নিজের সেই অল্প বয়স, সেই সময়ের সঙ্গিগণ, সেই প্রাতঃকাল, কুসুমবাসিত সেই প্রাতর্বায়ু, তাহার সেই ধীর সঞ্চরণ সকলগুলি একত্রে উপস্থিত হইল। সকলগুলি একত্র বলিয়া এই সুখ, নতুবা কেবল মৌমাছির শব্দে সুখ নহে।

অদ্য যাহা ভাল লাগিতেছে না, দশ বৎসর পরে তাহার স্মৃতি ভাল লাগিবে। অদ্য যাহা সুখ বলিয়া স্বীকার করিলাম না, কল্য আর তাহা জুটিবে না। যুবার যাহা অগ্রাহ্য, বৃদ্ধের তাহা দুষ্প্রাপ্য। দশ বৎসর পূর্ব্বে যাহা আপনিই আসিয়া জুটিয়াছিল, তখন হয়তো আদর পায় নাই, এখন আর তাহা জুটে না, সেই জন্য তাহার স্মৃতিই সুখদ।

নিত্য মুহূর্ত্তে এক একখানি নূতন পট আমাদের অন্তরে ফোটোগ্রাফ হইতেছে এবং তথায় তাহা থাকিয়া যাইতেছে। আমাদের চতুষ্পার্শ্বে যাহা কিছু আছে, যাহা কিছু আমরা ভালোবাসি, তাহা সমুদয় অবিকল সেই পটে থাকিতেছে। সচরাচর পটে কেবল রূপ অঙ্কিত হয়; কিন্তু যে পটের কথা বলিতেছি, তাহাতে গন্ধ স্পর্শ সকলই থাকে, ইহা বুঝাইবার নহে, সুতরাং সে কথা থাক।

প্রত্যেক পটের এক একটা করিয়া বন্ধনী থাকে, সেই বন্ধনী স্পর্শ মাত্রেই পটখানি এলাইয়া পড়ে, বহু কালের বিস্মৃত বিলুপ্ত সুখ যেন নূতন হইয়া দেখা দেয়। যে পটখানি আমার স্মৃতিপথে আসিয়াছিল বলিতেছিলাম, বোধহয় মৌমাছির সুর তাহার পটবন্ধনী।

কোন পটের বন্ধনী কী, তাহা নির্ণয় করা অতি কঠিন; যিনি তাহা করিতে পারেন, তিনিই কবি। তিনিই কেবল একটি কথা বলিয়া পটের সকল অংশ দেখাইতে পারেন, রূপ গন্ধ স্পর্শ সকল অনুভব করাইতে পারেন। অন্য সকলে অক্ষম, তাহারা শত কথা বলিয়াও পটের শতাংশ দেখাইতে পারে না।

মৌয়া ফুলে মদ্য প্রস্তুত হয়, সেই মদ্যই এই অঞ্চলে সচরাচর ব্যবহার। ইহার মাদকতাশক্তি কত দূর জানি না, কিন্তু বোধ হয়, সে বিষয়ে ইহার বড় নিন্দা নাই, কেন না আমার একজন পরিচারক এক দিন এই মদ্য পান করিয়া বিস্তর কান্না কাঁদিয়াছিল, বিস্তর বমি করিয়াছিল। তাহার প্রাণও যথেষ্ট খুলিয়াছিল, যেরূপে আমার যত টাকা সে চুরি করিয়াছিল, সেই দিন তাহা সমুদয় বলিয়াছিল। বিলাতী মদের সহিত তুলনায় এ মদের দোষ কি, তাহা স্থির করা কঠিন। বিলাতী মদে নেশা আর লিবর দুই থাকে। মৌয়ার মদে কেবল একটী থাকে, নেশা-লিবর থাকে না; তাহাই এ মদের এত নিন্দা, এ মদ এত সস্তা। আমাদের ধেনোরও সেই দোষ।

দেশী মদের আর একটা দোষ, ইহার নেশায় হাত পা দুইয়ের একটিও ভাল চলে না। কিন্তু বিলাতী মদে পা চলুক বা না চলুক, হাত বিলক্ষণ চলে, বিবিরা তাহার প্রমাণ দিতে পারেন। বুঝি আজ কাল আমাদের দেশেরও দুই চারি ঘরের গৃহিণীরা ইহার স্বপক্ষ কথা বলিলেও বলিতে পারেন।

বিলাতী পদ্ধতি অনুসারে প্রস্তুত করিতে পারিলে মৌয়ার ব্রান্ডি হইতে পারে, কিন্তু অর্থসাপেক্ষ। একজন পাদরি আমাদের দেশী জাম হইতে শ্যামপেন প্রস্তুত করিয়াছিলেন, অর্থাভাবে তিনি তাহা প্রচলিত করিতে পারেন নাই। আমাদের দেশী মদ একবার বিলাতে পাঠাইতে পারিলে জন্ম সার্থক হয়, অনেক অন্তরজ্বালা নিবারণ হয়।

****

Made in the USA
Middletown, DE
24 October 2022

13392678R00035